读懂孩子

那些孩子教给我们的秘诀

Secrets Kids Know...
that Adults Oughta Learn

[美] 艾伦 · 克莱因◎著　黄嘉仪◎译
(Allen Klein)

中国法制出版社
CHINA LEGAL PUBLISHING HOUSE

献给我的女儿莎拉，她教会我许多有关生命、爱与笑的事情。

前言

PREFACE

艾伦·克莱因是一位十分体贴和富有魅力的老师。他在全美各地演讲，激励人心。30多年前，我和他开始研究幽默、笑声和游戏的治愈力。

《读懂孩子：那些孩子教给我们的秘诀》——这本有关孩子和他们的魔法，以及有趣的自然举动的奇妙新书——我期盼已久。在书中，克莱因收集了一系列孩子们的见解。这些见解有关于提高创造力，激发对幽默和游戏的热爱，以及倾听孩子们的智慧。

克莱因是一位创意大师，擅长通过充满爱意的笑声帮助家庭健康地凝聚在一起。他的每一个令人鼓舞的章节都对孩子们解决问题、应对和克服沟通障碍的能力提出了宝贵的看法。

最近，和我一起工作的一个年轻女孩有一个聪明的观察。我问她："你是怎样变成这么一个睿智的老灵魂的？"

她充满洞见地说："我也不知道。可能是上帝让我们的生命循环重生吧！"我忍不住笑了。

在这本书中，我跟着艾伦一起开怀大笑，我很欣赏他努力地教导人们保持希望。通过孩子的眼睛，他向我们展示了如何慢下来，倾听孩子的心声，倾听他们的见解，以及珍视他们面对生活困境的幽默态度。和艾伦一样，我爱自己抚育的家庭和我曾经帮助过的所有家庭。

这本书是一个金矿，饱含具有启发性的喜剧的精彩时刻，快乐地注满了孩子们道出的种种真理。

很难得地，有一本书为温柔地应对生活提供充满智慧的鼓励。这是一本非常棒的教学手册和生存圣经，可以消除压抑和疏离。这本书的每一页都是良药。从中你会展露微笑，还会得到一些有益健康的建议，以及丰富的孩童智慧和古灵精怪的说法。

我称自己为"美好主义者"，坚信发生在我们世界上的美好事物可以让它变得更加美妙。这本书证明了我的信念——这太神奇了！

谢谢你，艾伦。你做得真好！

迈克尔·普里查德

青年鼓励师，出演电影《快乐》

序言

PREFACE

各复归其根。

复归于婴儿。

——《道德经》

我在写处女作《幽默的治愈力》时，时间很紧张。孩子们对于截稿日一无所知，大概每隔15分钟，我的女儿莎拉就会来我的办公室打断我，那时她还是一个十几岁的孩子。尽管我一再告诉她不要打扰我，她还是那样做。所以有一天，我在门上贴了一张大告示牌，上面写着："除非有紧急情况，否则请勿打扰。"

我刚把告示贴上去，就有人敲门了。我愤怒地大喊，问是不是有紧急情况。莎拉说是的，她必须进来告诉我一些事情。我打开门，不耐烦地问她有什么急事。她回答说："我想告诉你，我爱你！"

一个孩子使我明白了，虽然我写的是保持幽默感，但我已经失去了自己的幽默感。她也教会了我什么是爱。

我不确定，但大概就是这件事在我内心撒下了种子，让我写这本书去提醒世人，孩子们与生俱来的智慧。

随着年龄增长，我渐渐意识到让孩子"长大成人"不一定是最好的建议。我看到过许多孩子长大之后变成了严肃呆板的大人，他们不喜欢自己的工作、生活和个人世界，为"长大成人"付出了沉重的代价。也许是时候让他们和我们当中的许多人"做回孩子"了。孩子可以教会大人生活中不可思议的事情，只要我们愿意聆听和接纳。孩子是天真的、快乐的、有趣的、睿智的、天然的、有创意的、充满爱心的、充满好奇心的、宽容的……

我一直相信，我们很小或者很老的时候，是我们一生中最睿智的时刻。这一点我无法证明，但这是我在为晚年临终安养病人做志愿服务时，以及我和孩子们在一起时看到的。年幼和年老的人都有着某种本真。在生命的两端，成人世界的规则章程都退居其次。

我的个人信念是，我们出生时都来自能量，而死后又都会回到能量。如果这是对的，那么孩子们和那些临近死亡的人就更接近那纯粹的能量和我们的本质。

这就是我写这本书的原因：邀请你“做回孩子”，重拾你曾经拥有的真性情。

关于书名

我的一个朋友指出，他非常喜欢“那些孩子教给我们的秘诀”（*Secrets Kids Know that Adults Oughta Learn*）这个副书名，但是这个书名并不准确。他说：“孩子们拥有一种奇妙的力量，但他们并不知道自己拥有它，甚至不知道这种力量到底是什么。孩子拥有而大人需要学习的，并不是他们知晓的秘密，而是他们作为孩子本身的特质。”从概念上讲，朋友的说法当然是对的。然而，孩子们拥有的许多禀赋可以使大人受益匪浅，这就是本书的内容。

需要说明的是，我所写的并不是做一个幼稚的人——孩子气、不体贴、言行不当，而是像孩子一样——快乐、有趣、天真。

我也不是说老是像孩子一样活着。孩子们做的事情不一定都是恰当的。我在谈论的是平衡。一个工作太多而玩得太少的大人是不平衡的。只要看看大自然，你就会知道事物处于平衡状态和失衡状态的时候会发生什么。

大雪覆盖土地时，万物了无生机。万物盛开时，天气变得又热又干，它们也会枯萎。而水分和阳光恰好充足时，万物就会欣欣向荣。

也许由于缺乏足够的阳光，你的生命正在凋谢。但孩子们可以告诉你如何再次捕捉那些光线。听他们的。

艾伦·克莱因

旧金山

我们试图教育孩子生活中的各种事情，

但孩子教会我们生活的全部意义。

——安吉拉·施温德，家长

目录

CONTENTS

秘诀1

做一个有惊奇心的人：停下来，听听看看

> 我们从什么时候开始忽略生活中包围我们的细小奇迹呢？如果我们可以再次看到这些奇迹，生活会变得多美好？
>
> ——乔斯林·凯莱，记者

我曾听说，我们需要魔术师是因为我们都忘记了这个世界的魔法。孩子们从未忘记这些。在他们看来，到处都是令人惊叹的事物。

新生儿带着惊奇感来认识他们自己和他们的世界。也正是带着这样的惊奇感，大人才可以重新激活他们的世

界、工作、人际关系，以及他们的生命。

一个关于小狗尾巴的故事

在《信心的鸿沟》中，作者乔和盖尔·巴滕指出：“孩子是自然天真的，他毫不掩饰自己对周边世界的反应。但是，他的长辈却常常害怕表现出惊喜、惊奇和赞叹，他们担心可能被别人认为是不成熟的、幼稚的。”

前几天，当我在一个餐馆的露天座位吃午饭时，亲眼看到了一个孩子无所顾忌地对他周围的世界做出反应。那是完美的一天，我带着我的小狗乔西。我将它拴在树篱笆围栏外的长凳上，这道围栏将小餐馆和街道隔开了。乔西很满意，因为它可以看到我，而我知道没有人能偷走它，所以也可以安心地吃午饭。

我在吃饭时，一位母亲带着她大约两岁的儿子路过。孩子因为能抚摸小狗很开心。乔西这只友善的金毛巡回犬也很喜欢受到关注。我和孩子的母亲都为这个场景感到高兴，过程中有好几个奇妙的时刻。一次是当乔西趴在人行道时，为了可以直视它的眼睛，那个孩子尽可能地俯下身来。不过最神奇的还数他对乔西羽毛般难以捕捉的尾巴的入迷。

小男孩试图抓住乔西摇来摇去的尾巴。当然，这是不可能的，但是没关系，这对一个孩子来说变得更加有趣了。而且，相比起抓住它的念头，小狗尾巴扇起的微风同样让孩子感到快乐。实际上，在某个时刻，小男孩还努力地将脸贴近乔西的尾巴，这样他既可以感受到微风，又有一种挠痒痒的感觉。大概过了 5 分钟，又有其他东西吸引了小男孩的注意，他便往前走了。然而，这次目睹了孩子的惊奇感的经历，看到他从小狗尾巴这样普通的事物上找到魔法，让我充满赞叹。

作家罗伯特·富尔格姆讲述了一个相似的情景，那时他和他的孙女莎拉一起去动物园。在所有的动物中，莎拉对在小吃摊周围散步的鸽子最着迷。她最喜欢的是差一点就可以碰到它们的感觉。不管她多么小心翼翼和安静地接近这些鸽子，它们总是设法走到离她可以够着的地方一小步之外。

实际上，莎拉的目的并不是真的要抓住这些小鸟，而是去追逐它们。这个小女孩在大人常常忽略的地方找到了自己的快乐与惊奇。大人去动物园参观那些从遥远的地方运来的外国动物，而忽略了就在他们脚边的当地鸽子的美好。

停下来，品尝那颗葡萄干

很多年前，我参加过一个聚焦于个人成长的周末工作坊。我早已忘记那些日子里发生的大部分事情，除了临近培训结束时的一次练习。当时大约 30 人的小组被带到一个山坡，每人发了一颗葡萄干。我们被告知不要马上吃掉这颗葡萄干，而是仅仅看着它，观察它的颜色和质感，思考它的历史和来由，领悟需要经历什么才能造就它，以及将一颗葡萄转化为葡萄干的过程。一旦我们觉得探索这颗葡萄干的时间足够长了，我们就被允许将它放进嘴里。我们慢慢地咀嚼并吞下这颗葡萄干，用舌头、牙齿来感受它，体验味蕾上的满足，直到结束了这次探索。

这个过程是简单的，但对我来说也是意义深刻的。它打开了我的双眼，让我看到这颗葡萄干是多么特殊的一份礼物，它经历了多么漫长和非同一般的旅途才来到我手上，并且在这个世界上没有另一颗葡萄干看起来或尝起来跟它一模一样。突然之间，我从一颗普通的葡萄干发现了一个奇迹的世界。

上一次你去看自己正要吃下的食物是什么时候呢？我说的是真正意义上的观察和探索。如果你这么做了，你可能就开始像孩子一样，在巨大的宇宙里探索细小事物中存在的奇迹。

孩子甚至会在令大人烦恼的事物中发现奇迹和乐趣。我曾经读过一个故事，一个男人试图在家做一些安静的工作，但他被一辆无比嘈杂的垃圾车打断了。

每经过几个房子，那辆卡车就会停下来压扁和磨碎垃圾。每一次，它都会打断这个努力想继续工作的男人的注意力。最后，他走到窗边去看看这场骚扰会持续多长时间，结果却是一个孩子给他好好上了一课。

在前院里，他 5 岁的儿子正带着极大的兴致看着那辆卡车。他爬上一个消防栓，让自己尽可能地获得最好的视角。从那里，他可以看到巨大的机械齿轮正在巨型卡车里粉碎垃圾。那些噪声甚至使这件事情更加吸引孩子。正是这种相同的情况，令大人感到恼怒，却让孩子感到高兴。

大人们可以从这里学到的是，世界上充满了令人惊奇或让人烦恼的事情。这辆卡车打开了我们的眼界，试图让我们看到前者。这样的事情无所不在。一个孩子在街上找到1分钱，就会感到很富有。他们找到一个彩色石头，就像夺宝奇兵找到宝藏一样。他们找到一些纸箱就可以做出一个俱乐部。

孩子们在最普通的事物中发现乐趣，你也可以做到。

寻找细小的事物

在不知不觉的情况下，一个孩子教会了朱迪斯·斯特罗纳克停下来，看一看，享受细小的事物。斯特罗纳克曾经带着一个小组在大自然里漫步，她指导每个孩子去找一个小东西（如一棵植物、一只小动物或者一块石头），画下来，最后从这个小东西的角度来写一个故事。她说："孩子们的想法中包含了深刻的道理。"

对我来说，最有启发性的是一个7岁的小男孩福利斯特的经历。当他向我展示仔细观察后画下的花朵时，我表扬了他的图画，并且请他再寻找另一个小东西画下来。他接着找到了一个棕色的花瓣。我说："太棒了！但我认为你应该再找点别的东西，你可以再找找看吗？"然后，他在花茎上发现了一只小虫子，在这场特别的寻宝游戏中看到原本可能被自己忽略了的东西，他变得十分兴奋。

斯特罗纳克继续说：

在20分钟的时间里，每当福利斯特以为已经完成了图画时，他会在一次次细小的鼓励下继续去画新发现的事物……他那天真的热情和快乐引导着我去观察他的身体、眼睛、手指，以及包围着他的兴奋气氛。在这个观察过程中，我恢复了自己的注意力。我也在这个早晨里敞开了自我，发现当我们在惯有的期待之外去探寻时，总会找到生动活泼的现实。我给小男孩提供了探索的技巧和安全的环境，而他教会了我寻找的真意。

乔丹·勒朱万在他的网站上有一篇文章《从孩子身上学到的5个道理》，这篇文章同样表明了寻找的力量与重要性。他说："在最后的几天里，我一直尝试从另一个角度观察世界，来重新体验童年的奇妙。我发现，如果你真的努力从细小的事物（自然、建筑、艺术、技术的奇迹）中去寻找美，是可以成功找到的！花几秒钟，看看某个事物，认真地观察！一个简单的例子是观察树皮，如果你可以看到木头上错综复杂的、美丽的纹路，你也可以用同样的视角去观察更大和更奇异的事物。"

对于大自然的奇迹，以及在我们第一次探索自然世界时，它对我们的感受力的重新点燃，作家和自然爱好者雷切尔·卡森始终有着敬畏之心。她的一个故事是关于她的侄子和他们在森林里玩的"圣诞树游戏"。她会指着一棵年轻的云杉树苗说，那一定是松鼠的圣诞树。看到一棵更小的树苗时，她又会对侄子说，那是某种小虫子的圣诞树。再看到一棵稍微大点的树苗时，她会说，那是兔子或者土拨鼠的圣诞树。每次他们在森林散步时都会玩这个游戏，并且互相提醒对方不要踩到"圣诞树"。

最后一个"停下来看看"的故事来自雷亚·威尔考克斯－鲍尔。她说："每次我的儿子看到月亮都会很兴奋地开始叫道：'月亮，妈妈，月亮在那儿。'当月亮藏到云后面时，他会问：'月亮，你去哪里了呢？'而当他重新看到月亮时，又会开心地大叫：‘月亮在那儿！’这就是为什么我喜欢和家人在晚上散步。当我们散步结束，准备回到房子里时，他甚至会说：‘晚安，月亮。’”

你也经常在夜里抬起头和月亮说话吗？

寻找魔法

只要我们愿意接受，那么，欣赏世界上的奇迹感就是孩子给我们的礼物。但我们首先要做的是，停下来看看我们的世界，认真地去观察。这是孩子一直在做的事，他们总是在观察这个大人早已遗忘的世界。在这个快节奏的、讲求高效率的环境中，大人常常没有时间去领会和珍惜这个我们生活其中的非凡世界。

关于孩子从日常事件中发现的惊奇和乐趣，《好奇之心》杂志的共同创办人和编辑芭芭拉·盖茨给我们提供了一个很好的例子。在杂志中，她描述了她3岁的女儿凯特琳在使用儿童便盆后的反应：“她在便便后跳了起来，又在便盆边俯下身。她尖叫着把我喊来：‘妈妈，我做了一座山。’或者‘妈妈，这是小船在池塘里航行。’前几天，她坚持把我的丈夫帕特里克叫到盥洗室：'爸爸，你来看看。这是妈妈和三个小凯特琳。' 确实像她说的那样……昨天凯特琳的创意便便还超越了普通的山和船。她大声地说：'妈妈，爸爸，我做了一条有羽毛的蛇。这是一只蛇鸟！'"

盖茨继续讲述她从女儿身上学到的重要一课："凯特琳不仅在教我如何观察……她从便盆中教会我的是更根本的道理——无论发生什么，都安然处之，哪怕有人认为那是丑陋的。她既不讨厌她的便便，也不感到害怕。实际上，她很好奇，不带偏见，而且充满想象力。这是多么好的迎接生活的方式！"

野草的奇迹

佛说："一花一世界，一叶一菩提。"花朵确实是一种奇迹，它们各不相同。花朵的形态和不同的颜色搭配都让人感到惊异。前些天，我正看着一朵倒挂金钟。它鲜活的紫色和深红色，以及泪滴般的形状让我想起有着异域色彩的迷你和服，就像精心制作的《蝴蝶夫人》微缩舞台上出现的服饰。

像玫瑰一类的许多花朵都散发着香气，这些香气深藏在我们的脑海中，会唤起一些生命记忆。例如，每一个母亲节，我们家里都有紫丁香。现在每次我在 5 月经过花店，闻到紫丁香的味道时，它都会瞬间将我带回童年。

野草同样是不可思议的“花朵”。遗憾的是，很多大人并不这么认为。有一位家长让他的孩子将前院里的蒲公英全部拔掉，因为他不喜欢它们毁掉干净的草坪。但是孩子们拒绝了，他们说：“蒲公英多好看啊，为什么我们不能喜欢它？”孩子们懂得艾拉·惠勒·威尔考克斯的意思，她曾写过：“野草只是不被喜爱的花朵。”家长只将蒲公英看作要被清除的野草，而孩子将它们看作值得赞美的事物。

托亚·塔特·博尔纳在她的博客“优雅，砂粒和园艺”（Grace, Grits, and Gardening）中谈到，她和她的妹妹多么希望将侧院的蒲公英留下，尽管父亲希望将它们割掉。因为喜爱，她们留下了蒲公英，她说：“如果你仔细看的话，蒲公英跟菊花、紫菀花或者雏菊并没有什么大不同。”并且，“它们甚至可以预测天气——它们在持续的晴天中会毛茸茸地盛开，当雨天来临时，会紧紧地闭合。蒲公英还十分实用，它的叶子可以用在茶、沙拉和酒里面。”

“但最重要的，”博尔纳说，是那明黄色的花朵带来的一切，“蒲公英的花头变成一个洁白的毛绒球状，就像一个准备在土地上散播细小种子的降落伞。还有其他花朵可以奇迹般地为一条路边、一个废弃的场地或者沟岸带来上千个生命的祝福吗？”

或许，下次你看到一片蒲公英地时，可以以一种新的方式、从孩子的角度去看待它们。

保持惊奇

在《沙箱教我们的事》中，作者艾伦·葛雷格曼说：“当我们还是个孩子的时候，我们都有一种强烈的惊奇感和与生俱来的倾向，想从一切事物中看到各种魔法和可能性。大多数时候，我们四处闲逛时脸上始终带着‘哇哦’的惊喜表情，准备着并且很乐意为来到我们跟前的任何事物所震惊。”

当我的母亲接近 80 岁时，她在她的第一次飞行旅程中获得了一次巨大的惊奇体验。很多年来，我都在鼓励她尝试坐飞机，但无论我说什么或者做什么，她都不为所动。直到有一天，她赢得了一次往返机票旅行，最终登上了飞机。

当她降落后，我在机场与她碰面，我不安地问她是否享受这次旅程。她像孩子一样高兴地宣布："啊，这太奇妙了。我看到了云层的表面！"

下一次当你踏上不太舒适的飞行旅途时，为看到云层的表面而狂欢吧，不要抱怨。在 20 世纪之前，没有人看到过云的表面，没有人可以同一天里在纽约吃早餐而在洛杉矶吃晚餐，也没有人可以在地球 3 万英尺的高空上看电影。

认真倾听

"倾听是如此简单，"管理咨询师玛格丽特·惠特利说，"它只需要我们专注，这需要练习，但我们不需要做任何其他事情。我们不需要提建议，给予指导，或者让自己听起来很睿智一样。我们只需要乐意坐下来倾听。"

大人经常错过一些事情，因为他们忽略了倾听。孩子们不仅教我们停下来观察，还教会我们聆听。《好奇心的力量》的合作者和好奇心学会的共同创始人柯尔斯顿·西金斯跟我分享过一个故事。因为缺乏倾听，她与 3 岁的儿子产生了严重的冲突：

有一天早晨，我试着让儿子准备好出门去幼儿园，这样我上班也不会迟到，但我发现他没有穿好裤子。当我问他时，他说他想要昨天的裤子。我委婉地告诉他，昨天穿过的裤子是脏的，他需要穿干净的裤子，然后我们就可以出门。

他说："不，我想要昨天的裤子。"

我开始感到懊恼，然后很快又意识到这样是不对的。所以，我蹲下来，看着他的眼睛说："我知道了，你想穿昨天的裤子。但我觉得你没有听我的话，那是脏的。请你穿上另一条干净的裤子，我们就要出发了！"

当我在脑海里欢呼，以为自己解决了这个问题时，儿子盯着我的眼睛开始尖叫："不！我要昨天的裤子，我要，我要，我就要！"

这下我生气了。我感到很沮丧，满脑子都在想这会怎么影响我的日程。为了赶紧结束这一切，我到洗衣房揪出了那条脏裤子。我将它拿回来，推到儿子面前说：“接着，穿上你的脏裤子。我们要出门了！”

儿子已经在哭了，他接过裤子，手伸进口袋里拿出一个玩具。接着他将裤子递回来给我，转过身去穿上一条干净的裤子，满脸涕泪地说：“好了，我们走吧！”

我愣住了，感到无地自容……我的儿子很清楚地说想要他的裤子。而我是那个误以为他要穿那条裤子的人。我马上弥补了这个错误，问他要避免再次发生同样的事情，下次我该怎么做。

他说：“妈妈，你问问我就好啦。”

– 透过孩子的眼睛看世界 –

问：为什么葡萄干要带西梅干去参加舞会？

答：因为他没有约到椰枣（Because he couldn't get a date[①]）！

——佚名

① 此处的date有“约会”和“椰枣”两种含义。

– 做回孩子 –

看看你的周围。无论你在哪里，拿起一个吸引你的物品。将它拿在手中一会儿，然后看着它，观察再观察，寻找一些以前你在这个物品上没有注意到的东西。

如果你缺乏惊奇感，那么抱起一个婴儿，一只小猫，或者一只小狗。很容易你就会发现这些了不起的奇迹创造的神奇所在。此外，发现这个世界的奇妙之处是帮助我们改变当今社会的自损趋势的重要因素。根据“宇宙故事中心”网的创始人布莱恩·斯威姆的说法，“如果我们可以活在惊叹和奇迹的深处，那么我们会不断地推进当下最重要的一个进程——人类作为一个物种真正意义上的成熟。通过这样的方式，也唯有如此，我们才能让地球再次繁荣”。

秘诀2

做一个初学者：就像第一次一样

千里之行，始于足下。

——老子，哲学家

我曾听一位心灵导师的讲座，他说，我们总是用旧的眼光看待事物。他的意思是，我们常常机械化地办事，没有注意到，也没有去思考我们的行为。当我们机械化地行动时——当我们打开前门，踏上相同的路线去工作或者去收拾洗好的衣服时——我们失去了看的能力。根据这位导师的说法，在这样的情况下，我们实质上是失明的。

孩子可以防止我们“失明”，帮助我们看到奇特的和寻常的事物。他们向我们展示了怎样拥有全新的目光。孩子的世界是新鲜的和令人兴奋的。对于他们来说，一切都是崭新的。正是通过用孩子的目光来看世界，大人可以丰富他们的生活，可以在生活陷入低谷时将自己提升起来。

初学者的心态

在禅宗里，“初心”这个词的意思是“初学者的心态”。这个概念指的是开放的态度和放下先入为主的观念。它暗示着一种拥有渴望的、澄清的和做好准备的心态。

孩子们是怀有初心的专家，因为他们都是初学者。他们的世界还没有被外界的影响污染。遗憾的是，随着慢慢长大，这种情况会改变。不过现在，他们可以教我们尽情享受寻常的事物。这是我在上一章提到的芭芭拉·盖茨从女儿身上学到的：

> 前些天凯特琳和我一起去看展览，我的一位朋友做了些风格狂野的多彩的珠宝。展览里的耳环做得特别古怪，一些小人儿身穿盛装，双手叉腰，双腿叉开，

摇摇晃晃的。当我去和艺术家聊天时，凯特琳惊奇的大笑打断了我们。她晃着一只设计成快乐小丑的耳环说："这位女士有三条腿！"我的艺术家朋友笑着回应后，我们又继续聊天。接着又传来另一声惊奇的叫喊："妈妈，这位女士有两条腿！"我早已忘记两条腿的奇迹了！凯特琳又给我上了关于包容心的一课。就像她教我用开放的心态去包容那些令人痛苦或厌恶的事物，她也邀请我为那些我常常忽视的平凡生命而欢呼。

透过孩子的眼睛看世界帮助心理学家艾伦·杰蒂斯以一种新的方式看待在威瑞森手机店排队这件事。杰蒂斯在他的书《快乐方案》中写到，当他正不耐烦和恼怒地排队时，脑海里突然冒出了一个念头——"我会排队排死的！"很快，他又有了第二个想法："假设我真的在威瑞森店排队时死了，我已经被埋葬了一年。然后，我魔法般地复活了，而且回到了去世时的那个现场。"

"现在，"他说，"我正透过孩子的眼睛来看排队这件事。"他看到了很多其他的事物，而不是仅仅因为排长队而感到心烦："几个孩子正在张望各种东西。在越来越长的顾客队伍中，店铺的雇员正在竭尽全力地工作。到处都是鲜亮美丽的颜色，蓝、红、绿、紫、黄。哇，看看这些色彩！还有各种身高、体型和肤色的人们。‘这不是很令人惊叹的吗？’我正充满生机地活着，站在威瑞森店里的队伍中！”

杰蒂斯的发现与精神治疗医师、禅修大师杰库·金斯特对初心的观点相似。在一次讲法中，她说初心是指“拥有灵活性，感觉自己可以走到任何方向，但又不知道自己将会变成什么。这种感觉会释放出热情和生命力”。

充满可能的世界

肯·戴格尔教士是旧金山联合会的牧师，我加入了这个灵修中心。

他说：“拥有初心是一种奇妙的策略，可以帮助我们更轻松地学习各种课程……它帮助你将自己认为已经了解的事物有意识地暂时放到一边。然后，它让你可以无所牵挂地去做老师或导师建议的练习，无论那看起来是多么不合逻辑、微不足道或者没有意义。只有这样，你才能无拘无束地体验各种可能性。”

因为孩子没有先入为主的观念，所以他们的世界充满了无限可能。看一看下面的例子：

一位父亲说：“我有三个女儿，分别是9岁、7岁和5岁。有一天，我最大的女儿来跟我说：‘爸爸，我不想你再开车送我们去上学，因为你送我们上学时，别的孩子都在笑我。其他人都是走路上学的，我也可以。’然后我7岁的女儿说：‘嘿，爸爸，我不想一直走路上学。我想要你开车送我们。’”

接着，这位父亲问他最小的女儿：“你怎么想呢？”

孩子回答说：“爸爸，为什么你不开车送我们到半路，然后我们再走到学校呢？”

就像谚语说的，“条条大路通罗马”。孩子总是在表露他们的初心。对他们而言，世界是充满可能性的，解决问题的方式不止一种。相反，大人总是在坚持他们才是对的，即使当他们是错的时候。如果能看到一件事中的所有可能性，是多么令人耳目一新和大有收获啊！如果我们不仅看到自己的观点，还看到反对的意见，这不就会消解冲突和给我们提供更多的选择吗？

知道 VS 不知道

有人说过：“孩子带着各种问题上学，带着答案回家。”如果我们大人也有各种问号，这可能不是什么坏事。当你好奇的时候，意味着你在探索，你不知道问题的答案。很多时候，不知道比知道更有价值。当你认为自己知道某些事物，你就被禁锢在某种认知上。你紧抓着自己的观点，因此关上了其他探索的门路。当你认为自己不知道时，你就像孩子一样打开了所有的可能性。

不知道也是一种纯真的表现。你同时面对对和错。实际上，不存在对或错，事物就是如此而已。一个古老的苏非故事很好地诠释了这个事实。

有两个人去法庭解决一次争端，当第一个人陈述他的情况后，法官说：“这是对的。”然后第二个人作出他的陈情，法官再次说：“这是对的。”这时，法庭书记员叫道："他们不可能都是对的。"法官回答说："这也是对的。"

"看，这多么特别"

小说家马赛尔·普鲁斯特曾写道：探索并不在于寻找新的风景，而在于拥有新的目光。对一个大人来说，透过孩子的眼睛看世界，就是拥有新的目光。

很多年前，有一个加利福尼亚当地的公共电视节目，拍摄一位退休老师带着年轻的孩子在旧金山周边的山里远足。这些短途旅行的特别之处在于这位老师陶醉于孩子般的发现感。她常常停下来，给孩子们指出一些"特别的东西"。一只瓢虫——"看，这多么特别。"一朵橙色的罂粟花——"看，这多么特别。"草叶上的露水——"看，这多么特别。"甚至一块普通的灰色岩石或者一棵平常的野草也是特别的。

当然，角色是可以互换的，孩子们也轻松地给这位老师展示了包围着他们的"特别"的东西。不过，这个节目实际上是给某些大人看的，他们常常错过了一些看似普通，但也有着特别之处的事物。相反，小孩子常常在那些大人认为理所当然的事物中发现奇迹。

当我在早上遛狗时，我常常遇到一些去上班的人。尽管我试着跟他们发生一些眼神交流，向他们传递“早上好”的问候，但这是不可能传递到的。几乎所有人都低着头看他们的手机。他们忙着查邮件或者发短信，以至于有的人都差点撞到我了。难怪现在很多人不去观察或者欣赏他们周边的环境了，更不用说从中发现特别之处。

纯真时代

英国有一个长期播放的电视节目叫《天线宝宝》。尽管这是专门给学步的孩子看的，但我（可能还有别的大人）也被它吸引了。我觉得我被它吸引的原因，跟婴儿吸引我们的原因是一样的。节目中有着某种纯粹、天真和乐趣，甚至角色的名字也有一种俏皮的味道——丁丁、迪西、拉拉、小波。它们将我们带回到生命中最早的时候，那时所有东西都更为单纯、迷人，我们希望自己所经历的一切不断重复，就像不断地在操场上滑滑梯。在“天线宝宝”里，这通常表现为在很短的片段中，一个学步的孩子在结束某个游戏后，又马上请求重复再重复。

你还记得上一次这么开心，以至于自己立即希望重复相同事情是什么时候吗？还记得上一次认真地观察一个东西，而不是匆匆一瞥又是什么时候吗？

看看家长和孩子是怎么在街上走路的吧。家长试图一口气走过一个街区，但孩子总是每隔几步就停下来观察某些东西。孩子在看，而家长在忽略。

例如，今天早上，我打开抽屉去拿一件T恤，在衣服堆下面发现了我的一双婴儿鞋。我保存它很长时间了，但已经很多年没看过它。现在，当我写到鞋子、看或不看的问题时，我会更细致地观察它。我在想第一次穿这双鞋子时是什么样的。我在沉思穿着它迈出的第一步，回忆起当事物更为单纯的时候，以及我第一次看到这个世界的时候。

– 透过孩子的眼睛看世界 –

一个温暖的夏夜，一位母亲开车接从游泳池出来的孩子回家。这时，在他们前面的敞篷车中，一位女士挥着手站了起来。她没有穿衣服！正当这位母亲震惊时，后座的一位孩子喊道：“看，那位女士没有系安全带！”

– 做回孩子 –

帮助自己恢复初心，可以从每一天的开始做起：从与平时相反的方向下床，用不常用的手来吃早餐，选择一条不同的路线去上班，或者用一种不同寻常的方式接电话。

轮到你去尝试上面的建议了，或者发明你自己的方法，来帮助自己开展“做回孩子”的旅程。

秘诀3

做一个勇敢的人：先吃甜点

当我们是孩子时，我们有如此多的能量和热情，在一个又一个有趣的事物间跑来跑去。我们总是在寻找新的兴奋的来源。

——艾伦·葛雷格曼《沙箱教我们的事》

我本想将这一章题为“做个耀眼夺目的人”，但当我想到要在一本写孩子心态的书中使用这么夸张的词时，我就犹豫了。这个词一部分的意思是“热情洋溢的”，确实符合孩子们经常展现出来的最昂扬的热情。但它不能跟我产生共鸣，因为这不像是孩子会知道或使用的词。所以我转而使用“勇敢”这个词，它更简单，也可以用来描述孩子的大胆、无畏和热情——这当然是大人可以学着去接纳的。

充实地活着

大部分孩子都是吵闹的。他们无休止地大叫、蹦蹦跳跳、跑来跑去。他们过着最充实的生活。很多大人希望他们可以保留哪怕一点点这样的生气。作家艾伦·葛雷格曼提醒我们再次回到两岁时的生活是怎样的，“我们总是在玩，笑到伤心为止，唱着没头没脑的歌，光速般地学习，不断地做可以让我们自己和身边的人兴奋的事。我们带着各种高度敏感的感觉在世界里漫步：观察世界上的所有事物，触摸可接触范围内的一切，爬上所有我们小小的身躯可以攀爬的地方，追逐小猫和蝴蝶，跟随那些引起我们注意的声音和气味，将各种让父母和照料人担心不已的东西塞到嘴里。”

有时候我们甚至会跳起舞来。KPC 传媒集团的编辑格雷斯·豪斯霍尔德分享了一个令人愉快的有关跳舞的故事：6岁的斑比和她的祖父加比正在练习高尔夫球。他们很靠近加比的汽车，因此可以听到正在播放的磁带。

“那是什么音乐？”斑比问。

“那是格伦·米勒的专辑《兴致勃勃》，”加比说：“我和你的祖母经常伴着这音乐跳舞，你喜欢吗？”

“我喜欢，”斑比一边说，一边随着节奏摆动身体，“我不可以一动不动地去打球！”

对一切抱以热情

有一天早晨在机场候机时，我没有注意到周围有孩子，只见到大人在读报纸、聊天，或者放眼望着远处。突然，扬声器放出广播说航班取消了。乘客们一肚子不满地到柜台去改签机票。两个大概六七岁的孩子引起了我的注意。唯有他们没有抱怨，唯有他们在这样的情况下还保持着快乐。

他们坐在地板上，从一个小背包中摸出几个塑料的忍者神龟来逗自己开心。当他们厌倦了这些玩具时，他们就用双脚来沿着地毯的花纹线条走。他们反复地数着每一块小地毯上有多少种颜色。他们还发明了一个游戏，从小地毯上的一个图案单脚跳到另一个图案上。

孩子几乎可以对所有事情都感到兴奋，让自己获得乐趣。我记得我的母亲告诉我，当我很小的时候，有时候我们会去拜访一位远房阿姨。一进她的房子，我就会跑到厨房，从储物柜翻出各种锅碗瓢盆，一连玩上几个小时。另一位母亲告诉我，一把幼儿剪刀和一本旧的电话簿就够她的小孩忙上几个小时了。

对孩子来说，玩具的包装盒往往比玩具本身更有吸引力。《到底什么是亲吻：快乐的故事与家长的冒险》的作者苏珊·路易斯说："最让我 1 岁的孩子快乐的就是拆散录音带、将内裤套在头上，或者用水晶饰品在玻璃咖啡桌上敲出叮叮咚咚的音乐。甚至我大一点的孩子也不需要玩具——他们满足于重装我的电脑，拆解我的相机镜头，或者用我放在盥洗室的化妆品在脸上涂涂画画。"

做自由自在的人

伊曼尼·拉扎特，一位和 6 岁的儿子奥利恩住在纽约的年轻母亲，跟我分享了她从儿子身上学到的事情。“我的孩子正在教我怎样挖掘真实的自我，怎样重新找到真正使我快乐的事情。”

“我有一个了不起的小男孩，”她说，“我看着他不停地画啊画，不停地发挥创意。他对各种颜色、构图感到兴奋，他画自己喜欢的东西，他画一列又一列的火车……你想在自己最喜欢的裤子上画火车？想在街上大声唱歌？那就做吧！有什么可以阻止你？孩子们不会在意邻居的议论。他们是自由自在的。”

孩子的自由精神通常表现在他们的艺术作品中。这在杰夫·伦尼克的一幅照片中表现得十分明显，照片里挂着一些沾满色彩的工作服。他谈到这幅照片的由来：“十几个8到10岁的孩子把手蘸到手指画的颜料罐里，搅拌出黄、绿、红的颜料来画向日葵和消防车。孩子们离开后，留下一排溅满了颜料的工作服。它们随意地摆在一起，就像挂毯一样，提醒我艺术应该是快乐和热闹的。孩子们早已懂得这一切。”

尽管我不能证明，但我猜如果伦尼克去一个大人的手指画班上课，他们的工作服不会如此的色彩斑斓，甚至根本不会沾上颜料。

这件事让我想起我的一次绘画课，在那次课上，老师建议我们像孩子一样不要去想画的是什么，随心所欲地将画刷蘸上颜料就开始画画。她鼓励我们一直这么画下去，似乎持续了极长的时间。当我抗议说我已经画完时，她回答我说："继续画。"就这样过了大概 45 分钟，我一再地将她叫过来，坚持说我已经画完了，而她很聪明地将在画架四角上用来固定画纸的图钉拔出来，说："看，这里还有空白的地方，继续画吧。"

我跟你们讲这个故事的原因是，如果我当时能以孩子的眼睛来看这次经历，那么我就不会如此的苦恼沮丧和极为头痛。我可能就会享受在画上涂抹更多的色彩，为在画面上尽情地泼洒颜料而感到快乐。

看我的

有一次我参加一个晚餐聚会，那里有一个大概两岁的孩子。当他在房间时，人们很难好好地谈话。他没有正式地介绍："大家好，我在这儿。"但每时每刻他总是能引起注意。他并不在意我们在做什么，或者大家在说什么。当他走近每个人时，他只想知道："我可以坐在你的腿上吗？"令人赞叹的、同时大人也可能想要学习的是，他并不介意他的聊天对象的种族或性别。天性使他知道，这个世界是友好的，对于每个在场的人他都是一份礼物。

斯蒂芬妮·卡诺维茨在她儿子身上学到的一点是享受关注。她在育儿网站"凯夫勒"（Kveller）的博客上写道，孩子对于展示新技能是很兴奋的。"看我的！"他们会一次又一次地大喊。卡诺维茨指出："某些时候，我们认为，为自己的成就和能力而感到骄傲应该是私底下的事，但事实可能不应如此。当一些孩子大声地说'看看我能做什么！'时，其他同龄的孩子并不会嫉妒或者生气，相反，他们也会被带动着去尝试，或者最起码，他们会给予别人赞赏——'太酷了！'"

卡诺维茨说："我的儿子不得不去做了几个月的理疗来学习爬行，当他终于可以摇摇晃晃地靠自己向前爬时，我的心里混杂着成就感和骄傲感，这跟我以前的感觉是不一样的。我甚至想请电视新闻节目来正式报道我儿子学会的新技能。最终，我决定在脸书上做一次状态更新就好了。当我开始打字时，我发现自己在质疑这种做法。我是不是变成'那种'母亲了？就是那种整天分享自己的孩子，打扰到别人的母亲。因为，实话实说，我确实常常分享孩子的动态。人们是不是要一边翻白眼，一边想：‘说真的，每个人都会爬，别自以为是了！’”

卡诺维茨继续说道：“兴奋压倒了质疑，我很快按下了‘发布’。‘点赞’不断增加，还伴随着‘我等这个消息很久了’这类评论。没有人指责我的自豪和想要分享的愿望——或者有人想这么做，但起码他们很善良，没有跟我说太多那样的话。”

因此，就像卡诺维茨从她儿子身上学到的，我们可以展露自己的才能。当然，如果我们变得自负，以为自己的成就高于别人，这种心态就是不健康的。但是，认可别人的成就，并且让别人了解我们自己的成就，最起码在我的思考方式中，这种做法是完全可以接受的。

根据乔斯林·凯莱的观点，这正是孩子在做的，而大人需要学习模仿的事。“当一个孩子告诉你学校里或足球场上的故事时，他们常常是故事的主角。世界围绕着他们转，”但是，她说，“当我们长大了，我们不想那么的骄傲自负，所以我们对自己的成就轻描淡写。我们不想吹嘘自己。然而，这么做的过程中，我们常常滑向了自我贬低的一端。我们放低自己，来让别人感觉更好、更容易接近。谦虚变成一种值得赞赏的品质，我们开始自我说服是一个平庸的人。”

世界需要我们带来的光亮。或许，是时候将我们的胆怯害羞放在一边了，像孩子一样勇敢，让自己尽情发射光芒。

先吃甜点

你可能听过一种说法：“人生苦短，先吃甜点。”但你有经常这样做吗？有一天我这么做了，那次的经历令人难忘。

我和朋友史蒂夫·威尔逊，以及他的妻子帕姆在俄亥俄州哥伦布市外出吃晚饭，当时我在那里有一场演讲。我们坐下不久后，服务员送来了晚餐的菜单。我们拒绝了，请他先给我们看甜点菜单。服务员感到很迷惑。

他说：“好吧，你们不会在我们这儿吃晚饭，只是来吃甜点的。”

我们回答说：“不是的，晚饭和甜点我们都会吃。”

“这么说，你们是想让我先给你们看正餐的菜单，然后再看甜点的菜单。”大约解释了10分钟，那位服务员终于明白了我们的要求，送来了甜点的菜单。显然，此前没有人试过先点甜点。

还有一次，我决定举办“先吃甜点生日派对”。我邀请了许多朋友来我家，用各种美味的甜点招待他们。然后，我们才一起前往山上的一个餐馆，我在那里预定了晚午餐。

我的一位朋友，就像上面提到的那位服务员一样，不能理解这样的事。“我怎么可能在午饭前先吃甜点呢？那会影响我的胃口！”那次派对里没有孩子，但我想，如果有孩子在，他们应该会很开心，将桌子上 10 种不同的甜点全部品尝一遍。

顺便一提，如果你需要一个借口让自己在主菜前先吃甜点，那么，你可以在 10 月 14 日国际甜点日那天这么做。或者是在 8 月的某天，那是“先吃甜点月”。又或者，可以从孩子那里得到提示，问问他们想不想在晚饭前先吃甜点。你猜他们的答案会是什么？

美食大冒险

学步的孩子常常对他们的食物有着极大的热情。最近的一个周末，我在参加一个 1 岁孩子的生日派对上看到了这样一幕。孩子的父母给她买了一个小小的生日蛋糕。他们刚把蛋糕放在她的高脚椅上，她就伸出双手来挖霜糖了，马上开始大口地吃蛋糕。当她的美味大餐结束后，高脚椅托盘上只剩下一层蛋糕屑。她满脸都是霜糖，蛋糕散落在她周围的地上。当她被带去清洁时，她把手伸向我，我的衣服甚至也沾上了蛋糕。

这让我想起卡拉·埃德明斯坦跟我讲过的一个故事，那是她与孩子和食物有关的一次经历：

当我在外面办事时，我和 3 岁的儿子在我们最喜欢的墨西哥快餐店吃午饭。就像每次跟这个充满热情的小男孩吃饭时一样，我的午饭时间总是不停地起身去拿餐巾纸，从餐桌对面扑过来以防止食物泼洒，在用餐区弯着腰去捡那些掉落的墨西哥玉米片。我好几次走向餐巾纸贩卖机，有一次，我和一位穿制服的年轻军人发生了眼神交流。他对着我露出了大大的笑容。我也向他微笑了。我坐下来，面对着这位隔了一排餐桌的仰慕者。他也继续对着我笑。

当我们准备离开的时候，这位帅气的陌生人再次露出了笑容，并且似乎有话要说。我向他回了一个微笑，就带着我的小男孩走了。

在停车场，当我努力地调整汽车座椅时，手臂擦过了毛衣，我感到有点潮湿。在那一刻我明白了，年轻军人孩子气的笑容跟我无法抵挡的魅力毫无关系。我发现，在我一边胸口的下方涂满了酸奶油、洋葱辣酱和鳄梨沙拉。

– 透过孩子的眼睛看世界 –

根据我的计算，我想要 3000 块巧克力。

——亚历克斯，4 岁，“小猫头鹰”网站

– 做回孩子 –

有很多活动可以让你做回孩子。你可以尝试以下这些方式：

写下 7 个可以带给你快乐和享受的活动，但每一个的花费不可以超过 10 块钱。每天进行其中一个活动。

下一次旅行时，试着观察孩子。留意他们的世界是怎样变成一个游乐场的。

这一周你很好地完成了工作，是时候奖励自己了：请自己看一部电影；给自己买一份蛋卷冰淇淋，加上两到三个雪糕球；享受一个漫长的热水泡泡浴。

秘诀4

做一个有创意的人：不走寻常路

我将人生中的十年奉献给了宝洁公司，这是世界上老牌、保守的企业之一。但是，我依然自信地穿自己喜欢的颜色；我的办公室里装饰着六英尺高的兔八哥、一只巨大的科米蛙、两棵八英尺高的纸板棕榈树，还有几个冲浪板。

——道格·霍尔《跳出思维定式》

大多数伟大的思想家、发明家和艺术家都发现了，在后文将讨论的游戏和创意之间有着密切的联系。实际上，很多发现都是在这样的情况下产生的：人们在不断努力的过程中遇到阻碍，结果却发现以游戏的方式来思考，可以释放出崭新的看待事物的方式。

利奥·巴士卡力是一个游戏倡导者，他相信游戏可以帮助我们变得更有创造力。他为生活增添乐趣、提高创造才能的其中一个方式就是不循规蹈矩、不走寻常路。他常常把玩树叶、连蹦带跳地穿过街道。他发现，正是在那些快乐的时光后，他可以获得最高的创造力，创作最好的作品。

创造性地解决问题

很久以前，有一个贵族将儿子送到军校去学习射击。五年后，他的儿子在那里学到了关于射击的一切。作为优异表现的证明，学校给他颁发了毕业证书和一枚金牌。

在毕业典礼后的归家途中，他在一个小村庄停了下来，让他的马休息。在一个院子里，他注意到马厩的墙上有一些粉笔画的圆圈，在每个圆圈的正中心都有一个弹孔。年轻的贵族吃惊地看着这些圆圈。这世上，谁能有这么完美的瞄准技术？他是在哪个军校学习的？他的射击术获得过什么奖牌？

一番仔细寻找后，他发现了那位“神枪手”。让他惊讶的是，那竟然是个光着脚、衣衫破烂的小男孩。“是谁教会你如此高超的射击术的？”年轻贵族问他。

男孩解释说：“我先对着墙上射枪，然后用粉笔围着那些弹孔画圈。”

在我长大的过程中，我从来没有像其他孩子那样学习怎样系鞋带，所以我变得更有创意。大多数人是先用鞋带的一端做个环，再用鞋带的另一端绕着它、穿过去，以某些方式再做一个环。我从来没用过这种“正常方法”来系鞋带。相反，我就绕两个圈，然后简单地将它们系在一起。

这种特别的系鞋带方法或许不是我生活中的一个重要部分，然而，它被我视为我之所以是我的一个重要因素。我相信，总可以用一些别的方法来做某事，总有替代的方式来达成你的目标，尽管你的生活中会有否定的声音。

下一次当你再遇到看似无法克服的问题时，想一想孩子会怎么解决。例如，一个孩子被父母告知，他们的房子正在出售，所以每个早上他都要整理好床铺，以防潜在买家会顺路进来看看。之后，每一次当妈妈走进他的房间时，都会感到惊喜。后来她发现了这个秘密：有一天晚上她走进孩子的房间，看到他正睡在地上的睡袋里。

一个同事告诉我另一个关于孩子的创造力的故事。这个同事在一个朋友家里给她的儿子过生日。那个小男孩已经吃了至少四块蛋糕了，他请求再多吃一块："妈妈，求求你了，再让我多吃一块蛋糕。求求你，就一块。"

因为这天是小男孩的生日，他的妈妈不想扫兴，所以她开玩笑地跟准备去睡觉的小男孩说："好吧，如果你答应将蛋糕放到枕头底下，你就可以多吃一块。"小男孩答应了，然后上楼去睡觉。

过了一会儿，当他的妈妈去看他时，发现这个小寿星将枕头放在肚子上，睡得正香。

跳出思维定式

弗朗茨·约瑟夫·海顿所在的乐团乐手都被逼疯了，因为当地公爵承诺的假期一直没有兑现。这时，海顿创作了交响曲《告别》，并将它搬上舞台。这场演出开始时整个乐团都在演奏，但随着乐曲展开，所需的乐手越来越少。每当乐手完成了自己负责的那部分，他们便一个个离开舞台。到了这部交响乐结束时，舞台上空无一人，公爵终于理解了海顿的用意。

当大人谈论到像海顿那样的创意思维时，他们常常用到“跳出思维定式”这个术语。然而，孩子们是没有“定式”的，他们从不限制自己的创造力。

例如，有一个孩子的创意想法原本只是用来鼓励他生病的母亲，后来却发展成了全球性的抗癌筹款运动。

“我觉得癌症好笨，”当知道妈妈乳腺癌复发后，8 岁的阿契尔·纳尔逊这么说，“你知道为什么吗？因为妈妈将它打败过一次了，它还要回来再被战胜一次。”

阿契尔的爸爸是一位电台音乐节目主持人，或许是受他的影响，阿契尔为他的妈妈创作了一首歌，将它写在用纸剪出来的模拟唱片上。这首歌的名字叫《乳房必胜》，歌词提醒他的妈妈“永远不要忘记生命中美好的事物/就像糖果，生活，美食，游戏”。

阿契尔的爸爸将这个故事告诉了他所在电台的同事，很多人为此感动。一位制作人请一支乐队为歌词配乐。

在短时间内，每一个到访电台的音乐家，包括“感恩而死”乐队，都参与了这首歌的制作。“这个想法，”阿契尔的爸爸说，“是要创作出对抗乳腺癌版的《天下一家》（We Are the World）。”这个小男孩的想法被称作“乳房计划”，现在正在全球范围内为癌症研究筹款。

在小册子《重新发现童年的秘密》中，我的朋友、同事、神职人员艾文·T. 西塞伊·埃伯哈特分享了另一个关于孩子的创造性的例子：

> 有一天，一个寄养服务机构的志愿者带了几个孩子到保龄球馆，孩子们从来没打过保龄球。他们穿好球鞋后，志愿者将他们带到球道，然后坐下来看着他们。很快，球道上就开始了欢畅的游戏。有的孩子背对球瓶站着，弯下腰，从张开的双腿间将球滚出去。相邻球道上又有孩子在比赛谁的球最先撞到球瓶，或者谁的球滚得最慢。几乎有多少个小保龄球手，就有多少种玩法。
>
> 当服务员看到这一幕时，他向孩子们跑过来，告诉他们这些玩法是错的。志愿者打断了他，问：“这有什么不一样吗？”

服务员停下来又看了看，孩子们热情高涨，正沉浸在美好的时光中。他想了一下，然后说：“我想对错根本不重要。”

加利福尼亚大学伯克利分校数月前的一项研究表明，具有高度创造性的人与较缺乏创造性的人在智力上相差无几。关键在于，那些具备创造力的人更容易转换到游戏模式，研究人员认为他们“更像孩子”。

另一个孩子般的创造性想法来自一位边境管制检查员。因为车载收音机和引擎轰鸣的噪声，检查员必须隔着汽车的玻璃窗大声吼出他们的问题，因此常常会喉咙痛和声音沙哑。为了避免这种情况，这位检查员在问第一个问题时只做口型，不发出声音。这时，无论驾驶员在听什么，他们都会关掉收音机，熄灭引擎，摇下窗户，请检查员重复他们的问题。

创意过程

当我在哥伦比亚广播公司和外百老汇剧院担任场景

设计师时，我会拿到一个脚本。有时候，作者会细致地描述场景，有时候却不会。在很多情况下，这都没有关系。因为我负责布景设计，重要的是它呈现在我脑海里的样子。通常我会将作者的建议和我个人的感受结合在一起，或许还会做一些时代和发生地的调查，然后将所有这些信息在我的大脑里酝酿一段时间，才将它们画在纸上。当我感觉是时候开始真正的设计时，我会很快地画出布景速写。如果其他人看到这草图，他们可能辨认不出这潦草的图画是在画什么。但在我看来，它包含了设计的要义。演出项目结束后，我常常会比较草图和实际的布景，通常情况下，我都会对二者产生相似的感觉。

保持创造力的一个重要因素是相信过程。对我而言，当某个事物是对的时候，无论是墙壁油漆的颜色还是我写作中用到的词语，我常常会有一种难以言喻的直觉。比起直接说“直觉告诉我这是对的”，向别人解释为什么是对的更让我感到困难。

这就是为什么孩子们拥有如此丰富的创造力，可以成为大人的老师。孩子们按照他们的感觉、他们的直觉来做事，至少在被教导前都是如此的。他们不会过度地去处理他们的想法。一旦“感觉”是对的，他们就会去做。

当我为电视节目“袋鼠船长”做设计时，寻找跟孩子有关的事物为我提供了帮助。我的其中一个做法是从童书中获取灵感。我知道这些书是由大人写作和配图的，但它们是为孩子而作的。它们就像孩子一样看世界，这就是这些书可以激发灵感的原因。

很多艺术家就像孩子一般。他们向我们展示了看待事物的新方式。透过他们的创作，我们从与过去完全一样的世界中看到了前所未见的东西。举例来说，安迪·沃霍尔带着我们像孩子一样，从一个新的视角去看金宝汤罐头这样的家居物品。

创造力可以重拾吗？

研究证明，随着我们的长大，我们的创造力就开始消失，这甚至发生在我们很小的时候。

大多数大人不再像他们小时候那么具有创造力，这有什么好奇怪的？父母和老师赶跑了孩子身上的玩兴和创造力。他们提醒孩子“定下心来”“认真一点”，用“你什么时候才能长大？”这样的质疑来责备孩子们有趣的、充满创意的提问。

根据漫画家休·麦克劳德的说法，我们在幼儿园的时候都得到了一盒蜡笔。青春期阶段，这盒蜡笔被收回去了，取而代之的是代数和历史这类乏味的东西。然后，当我们遇到创意问题时，内心会响起一种声音："把蜡笔还给我吧。"

重视孩子教给我们的有关创造性的一切，大人就可以重拾他们的蜡笔和创意，不过这也需要付出一些努力。这个世界充满了没完没了的噪声，城市里消防车、救护车和警车的警笛，乡村里割草机、除草机和电锯的轰鸣，还有人们不断在手机上聊天的声音。如果我们希望自己的创意思维不被打断，那么，比以往任何时候都更重要的是，寻找一个相对安静的地方。你有没有发现，你的一些最具创造性的想法是在长时间的热水澡中产生的？这可能是因为你在一个安静的地方，这里只有你的想法和令人舒缓的流水。

孩子们常常表现出来的闲散放松也与创造力紧密相关。想想你在夜里思绪连绵地躺在床上，或者在花园里挖土，又或者在树林里慢慢散步的时光，你就明白了。

在我写一些书时，许许多多的想法是每天早上在公园遛狗时涌现的，或者说，至少很多想法变得清晰了。写另一些书的时候，各种想法是在我夜里躺下来睡觉或者在半夜失眠时出现的。

创意视角

斯坦·弗雷格博士的女儿天生脚上少了一块肌肉，所以总要戴着支架。他分享了女儿 10 岁时一个奇妙的故事，这个故事完美地诠释了孩子们的创意思维：

> 一个美好的春日，我的女儿莎拉回家告诉我她参加了“户外活动日”，在这一天里，孩子们参加各种赛跑和其他竞技项目。因为她腿上戴着支架，我心里一直着急地想着该怎么鼓励她，该说什么来安慰她不要因此感到沮丧。但在我说出口之前，她说：“爸爸，我赢了两个比赛！”我简直不敢相信！然后，莎拉说：“我有一个优势。”
>
> 啊，我知道了。我想，她肯定是被批准优先起跑，这是某种物理优势。但还是没等我开口，莎拉又说：“爸

爸，我没有先起跑。我的优势是，我不得不加倍努力！”

透过一点创意，孩子们向我们展示了如何改变我们面对挫折与失落的视角。另一个例子来自一位快要失去耐性的妈妈。当不能按照自己的心意来做事时，她 3 岁的女儿总是极力地尖叫“不要”。一天早上出门之前，女孩又闹起来了，这位妈妈警告她：“如果你不改掉这种坏脾气，我们就不出门了。”

这个孩子慢慢地环顾四周，跑到鱼缸那里，假装将她的坏情绪扔进去了。接下来这一天她们过得很愉快，妈妈和女儿大声地笑着，不知道那些鱼的脾气会变得多坏。

在电影《狗脸的岁月》中，小男孩教我们用乐天派的心态来看世界。在这部电影里，一个 12 岁的孩子和病重的妈妈生活在一起，最终他的妈妈也去世了。他被迫抛弃了小狗，离开了自己家。但是通过与别人的遭遇比较，他意识到自己面对的问题并没有那么糟糕。男孩对比了不同的故事来证明这种想法，如在太空中饿死的苏联太空狗，电影《人猿泰山》中意外荡到高压线上而当场死去的人，还有一位车手试图打破开摩托车跳过车龙的世界纪录，却因为仅仅一辆汽车的距离没有获得成功。

小男孩最后说，比起一些人，自己已经足够幸运了。他给出了一个建议：你所需要的，是一种正确的视角。

这是我们所有人都可以从孩子身上学到的重要一课，无论事情看起来有多糟糕，但还不到最坏的时候。我们要充实地过好每一天，因为我们永远不知道哪一天会是我们生命中的最后一天。

在这里，用 个可以诠释孩子的创意视角的故事来结束这一章。

当我从校车下来，接克里斯到幼儿园上学时，我发现一位老太太正在房子门口拥抱他。“她是你的奶奶吗？”我问。

“是的，”克里斯说，“她来住几个星期。”

“这真好，”我说，“那她家在哪里呢？”

“她家在机场，”克里斯回答说，“每当我想她的时候，我们就到机场去接她。”

– 透过孩子的眼睛看世界 –

漫画：孩子在浴缸里玩玩具船，跪在旁边的妈妈将制冰盒里的冰块倒进水里。

字幕："我正在扮演《泰坦尼克号》。"

——马克·安德森，漫画家

– 做回孩子 –

周边环境会影响我们的情绪。你试过在一个美好的春日到乡村里散步，然后留意自己的感觉有多棒吗？如果你想提高创造力，你需要环顾自己所处的环境。你家或者你的办公室很枯燥乏味吗？有没有什么东西可以带给你快乐和愉悦？

如果没有，而你又想变得更有创意，那么可以从本章开头道格·霍尔所说的话中获得一些提示。首先，从改变环境做起。

秘诀5

做一个好奇的人：为什么天空是蓝的？

所有自然之物，都有绝妙之处。

——亚里士多德，哲学家

好奇心可能会害死猫，但是保持好奇心可以打开各种各样的大门。孩子们明白这个道理。他们是天生的好奇者。他们渴望知识。他们不会质疑问题的好坏，只是大胆地提问。

相反，大人常常不让自己提问，因为他们担心问出“愚蠢”的问题，或者他们以为自己已经知道了答案。然而，在当下这个瞬息万变、技术主导的世界，正是那些有着孩子般的好奇心的人，那些寻找难题的答案的人，以及那些勇于不断提问的人，会成为未来的开拓者。

“为什么”基因

有一天，一个 4 岁的孩子问他的幼儿园老师：“当我一动不动地坐久了，为什么我的腿就开始‘闪光’？”大人会将这条腿说成“发麻了”，但这个孩子的描述不仅更具有想象力，而且可能是更加准确的。

在《简单的相遇》这本书中，作者克里斯·克拉克－爱泼斯坦写到我们可以从孩子那里学习提问的本领，“如果我没有记错的话，我的孩子甚至对答案也是不感兴趣的，更不用说正确答案。他们着迷于去问‘为什么’，如果问一个‘为什么’是好的，那么多问几个‘为什么’就是更好的。”

她也写道：“两三岁的孩子在生活中只有一个目的——学习。他们知道，唯一的学习方式就是提问，所以他们专注于问题，而不是答案。答案是什么并不重要，他们知道每一个问题都可以让他们汲取新知识。”

在“爸爸们的在线杂志”网站（DADMAG.com）上，一位作者兼老师约翰·萨洛瓦拉在文章《为什么天空是蓝的？》中，分享了他对儿子源源不断的“为什么”“怎么样”“谁”的反应。

我7岁的儿子偶尔会问一些典型的孩子式的问题，也就是那些你或许本应知道答案，但实际上并不知道的问题。你开始解释为什么到了秋天叶子的颜色就变了，然后，你开始意识到自己并不很了解这个问题。“嗯……这跟叶绿素有关。”你只能含糊其词。

就算你试着给这样的问题一个相对清晰的解释，常常又会有另一些问题接着冒出来，检验你知识的精确性。例如，你认为自己知道“土拨鼠日”的全部习俗：如果当天是晴天，土拨鼠可以看到自己的影子，又钻回它的洞穴里，那么意味着冬天还会再持续六个星期；如果是阴天，土拨鼠待在洞穴外，就表示春天将提前来临。

但你的孩子会接着问：“春天会提前多久到来？”或者：“为什么这一天的天气这么有影响力？”又或者：“谁决定了宾夕法尼亚州庞萨塔奥尼这个地方的

土拨鼠日？”“别的地方也有土拨鼠，那里的人也用土拨鼠来预测天气吗？”

在某些时候，我发现自己借用特维（音乐剧《屋顶上的提琴手》中的人物）的对白“这是一个传统”来回答孩子……或者，更多的情况下，我回答说：“我不知道。”但你是爸爸，对吧？孩子认为你什么都知道。

我的朋友奇普·鲁茨十分幽默，他也写过他的孙女充满“为什么”的世界，还有这对于大人的重要性。

看着她探索世界和学习新事物，我跟她一样感到兴奋。现在，她看到各种东西都会问：“那是什么？”我已经陪伴我的四个孩子度过这个阶段了，所以我知道下一阶段她就会开始问“为什么”。每出现一个新事物，她都会提出一个“为什么”的问题，这样她才可以理解它，并将它纳入她的世界图式中。

问“为什么”很重要，不是吗？从我们开始说话时起，“为什么”就帮助我们找到问题的根源，弄清楚答案是否讲得通，如果讲不通，那么就继续去思考答案到底是什么。然而，后来在成为大人的过程中，我们不再去问“为什么”了，只是被动地接受事物。

为什么我们不再问“为什么”了呢？我们习惯于不去提问了，不是吗？虽然不是公然这么做，但有些不知道怎样回应问题的人会通过逃避提问来逃避回答。

作为领导者（大人）的我们，如果想激励我们的团队变得比当下更强大，那么我们需要更积极地去问“为什么”。我们需要不断地以两种方式来问“为什么”：

1. 为什么事情是这样的？

2. 为什么我们不能采用不同的方法？

“为什么”是创造力的核心，未来属于那些可以跳出现状、积极提问“为什么”的人。

寻根问底的好奇心

我曾听人说，这是有史以来孩子们第一次成为世界的权威。过去，孩子们常常向老师请教问题。现在，轮到老师向孩子们请教电脑、互联网和万维网。

几年前，我请了一家公司来设计我的个人网站（www.allenklein.com）。他们做得很好，但是当他们来我的办公室完成整个程序时，我大吃一惊。那家公司老板14岁的儿子走了进来。他似乎是那个，而且是唯一掌握了将网页导入我的电脑所需的技术要素的人。

孩子们懂得在电脑上进行方方面面的操作，因为他们喜欢探索，难题不会使他们感到挫败——那不过是又一个挑战。他们想知道事物是怎么运作的，坚持不懈地去寻找答案。他们通过问许许多多的问题来获得答案，包括在电脑和其他事情上都是如此。有一天，我在机场看到了这一幕。

我将行李放在传送带上，等待接受扫描——这是旅途中的一个习惯动作。一般而言，我不会在这件事上想太多，这个早上却不一样。在我前面，有两个孩子正在询问关于这个检查过程的种种问题，这些问题是我从来没有思考过的。其中，他们问道：

“你怎么启动这个机器的？”

“按钮在哪里？”

“那些数字是什么意思？”

“这盏灯为什么亮了？”

“为什么什么动静都没有？”

“你能看到行李里面吗？”

最后，当传送带停止时，他们问：“为什么那些声音没有了？”

我很庆幸孩子们没有向我发问，不然我会在这场考验中惨败。但这件事让我意识到，在我看来平平无奇的事物，对孩子们来说却是特别的。它也让我意识到，我应该对周围的事物抱有更多的好奇，而不是将一切视为理所应当的。

旅途上，孩子们最常问（也是最让人烦恼）的一个问题是：“我们到了吗？”通过这个问题，孩子们想知道他们到达目的地没有，而对大人来说，这个问题有着各种有趣的变化，他们可以从生活的各个方面来问问自己。

例如，如果你的公司设定了未来的目标，每个月你应该问问自己：“我们做到了吗？”

在你的个人生活中，如果想成为最好的父母，每个星期你应该问问自己：“我做到了吗？”

当你想成为一个更有爱心的人，每一天你也应该问问自己：“我做到了吗？”

“这是什么？”阶段

据称，埃莉诺·罗斯福曾说过，如果一位怀孕的妈妈可以请仙女教母赐予新生儿一份礼物，那么这份礼物应该是好奇心。我觉得，这世上的仙女教母已经尽到了职责。只要跟一个孩子或一群孩子在一起，你就会看到他们无穷无尽的好奇心。

例如，我记得，有一次我到以色列探望一位亲戚，他有一个很小的孩子。我在那里的很多时候，这个孩子不停地拿一些东西到我或者他父母面前，问：“这是什么？”然后，一旦我们当中的一个告诉他那是什么，他就把这个东西放下，又去拿别的东西来继续问我们：“这是什么？”接着，他又去拿下一个东西。那是一场无止境的提问。

当我的女儿莎拉很小的时候，她也有着满脑子“这是什么”的问题。她6岁时，有一次，我们在一家中餐馆吃晚饭。服务员端上我们的第一道菜：蛋卷。莎拉一边切开一个蛋卷，一边问：“这个蛋卷里有什么？”我们还没有回答完这个问题，她就开始问另一个问题了，而且这个问题跟她的第一个问题和我们的回答都没有关系。她想知道："什么是女同性恋者？"

"如果……会怎么样？"阶段

正当我的一个同事诺琳·布拉曼以为她已经经受完一个孩子会经历的各个好问期时，她的其中一个孩子又进入了新的阶段。她说：

> 当我最大的孩子开始上学并且毫无"不做作业"阶段的迹象时，我最小的孩子也终于彻底享受完他作为小霸王的阶段，结束了"可怕的两岁"。大概在这个时候，我开始以为自己可以解决一个学龄前儿童抛给我的任何问题。然而，排在中间的孩子安玛丽努力大胆地打破常规，发明出一个新的阶段——"如果……会怎么样？"阶段。她将这个惹人恼火的游戏发展成了一门科学。
>
> 举个例子，我们坐在一个家庭餐馆里，等待着迟迟未到的晚餐。安玛丽想知道（就像我们所有人都想

知道）为什么上菜这么慢。我们解释了几种可能性，但她还是不满意。

“我太饿了，我快要吐了！”她大声地宣布。我们越让她安静下来，她越是大喊大叫。

“如果我真的在这里吐了，会怎么样？”她继续追问。而我们试图回避这个问题。

“如果一个人呕吐到停不下来，那会怎么样？”

临近餐桌的顾客开始显出不舒服的样子了。我们低声警告安玛丽，但她还要逗整个餐馆里的人玩儿。

“如果有一个人走过，然后吐在我的食物上，那会怎么样？如果女服务员过来清洁，但是她也开始吐了，那又会怎么样？”

坐在我们附近的那几个家庭放下他们的餐具，气势汹汹地盯着我们。

“如果他们在我看不见的时候吐在我的食物里，而我吃下去了，那会怎么样？”

听到这句话后，整个餐馆陷入一种奇怪的安静中。当我鼓起勇气抬头看时，整个餐馆的客人都走光了。我的大女儿罗斯玛丽正咬着一张餐巾纸，我开始在口袋里找车钥匙。只有小宝宝罗伊·迈克尔一点儿反应都没有。

“人们都到哪里去了？”他问。

之后很长一段时间里，当我带着孩子们出门吃饭时，我都会确保带上一些小零食，让他们在肚子饿时保持安静。同时，我也在好奇，下一个“阶段”我的女儿又会做些什么。

好奇心激发创造力

发明创造往往源自好奇心和疑问。在反复试验中，发明家不断地问自己：“如果我用另一种方式来做，结果又会怎样呢？”“如果我使用不同的材料呢？”“如果我将这种发现运用到另一个地方呢？”

正是这些问题推动着发明家，让他们从不放弃、不断提出问题，直到找到令人满意的解决方法。例如，以发明留声机、电影摄影机和耐用电灯泡而闻名的托马斯·爱迪生曾经说过：“我并没有失败，我只是发现了1万种行不通的方式。”

乔治·德·梅斯特拉尔发明的维克劳魔术贴现在得

到了广泛应用，这项发明来自他对一种生活经验的好奇。当他在阿尔卑斯山徒步远足时，牛蒡的小刺果总是粘在他的衣服和小狗的毛上。他很好奇这些小刺果是怎么粘得这么牢的。在显微镜下，他发现原来果实上有成百上千的小钩刺钩住其他物体。他思考如何将这种黏扣方式应用在工业领域，最终使它成为全球范围内每天都会用到的一种产品。

在开展流媒体业务前，网飞公司（Netflix）可能会通过邮递方式给你寄 DVD。同样是在思考一种商业模式如何成功地移植到另一个完全不同的产业时，网飞公司创立了。公司创始人之一的里德·哈斯廷因为逾期将录影带还给音像出租店，不得不为支付高昂的罚款而感到苦恼。在归还录影带后，他往健身房走去，在那里，缴纳每月的费用后，他就可以在当月任意使用健身器材。这种一次付费、不限次数使用的方式变成了网飞公司的服务模式。后来网飞公司的蓬勃发展，便是众所周知的了。

– 透过孩子的眼睛看世界 –

一位女士正在努力地将瓶子里的番茄酱倒出来。正当她忙乱的时候，电话响了，她让年幼的女儿去接电话。“妈妈，是牧师打来的电话。”孩子对她的妈妈说。然后，孩子补充说道：“妈妈现在不能来接电话，她正在打一个瓶子。”

——佚名

– 做回孩子 –

我最喜欢的电台节目是泰瑞·格罗斯的《新鲜空气》，而最喜欢的电视节目是詹姆斯·利普顿的《演员工作室》。这两个节目之所以做得这么有趣、出色，是因为主持人都会提出一些极妙的问题。他们对访谈者生活中的方方面面都充满好奇，因而他们的深入提问可以帮助我们更好地了解采访对象。

如果你想更好地理解生活中的事物，那么记住，不存在所谓愚蠢的问题。像孩子一样保持好奇心吧。跟“谁”“什么”“什么时候”“在哪里”做朋友，时时想起它们，提出自己的问题。

秘诀6

做一个白日梦想家：很久很久以前……

“我敢说，你还没有足够的练习，”女王说……“为什么，有时候早餐前我就相信了六件不可能的事。”

——路易斯·卡罗尔，作家

孩子们知道想象力可以带他们到任何地方。在白天或夜晚的任何时间，他们都可以将自己带到另一个地方，带到前所未见的世界里。透过不同形式的心灵游戏，如幻想、做白日梦或想象，大人同样可以发挥这种不可思议的力量去解决问题，克服困难，或者设想成果。

幻想

多年前，为了探索新型酒店的创新理念，美国饭店业协会向孩子们征集想法。协会请孩子们设计他们心目中的“未来的奇妙酒店”。有的孩子想出了火箭形或者大鸵鸟形的电梯。一个孩子希望酒店的每一面墙上都有大屏幕电视和百事可乐饮料机。还有一个富有想象力的孩子提议酒店里应该有可以满足客人心愿的空房间：“当你走到房间门口，打开门，除了一个壁橱，里面什么都没有。壁橱里全是按钮，只要按按钮，你就可以随心所欲地改变房间的模样。你希望房间是非洲风格的，就按下非洲的按钮，‘砰’的一声你就到非洲了。”

酒店设计师可能永远不会将这些稀奇古怪的想法纳入他们的设计，但是，孩子们的幻想给设计师提供了一块跳板。从这里，他们的想象力可以自由自在地奔涌，构想出未来酒店的样子。

大人可能不会支持幻想和做白日梦，认为这是浪费时间。然而，就像很多具有创意的人知道的那样，异想天开是一个很有效的方式，可以放飞停滞不前的创造力。人力飞机的发明者和设计师保罗·麦克雷迪是白日梦的超级粉丝。他说，他的所有奇思妙想都来自白日梦。为了可以从白日梦中得到灵感，他建议我们避开一切干扰。放松地坐在椅子上，让你的思绪漫游开来，他这样说。

当然，现在我们可以将网络、手机、短信这一类事物都加到干扰物的清单里，它们令我们无法好好地做白日梦。

“对一个小孩子来说，可能性无处不在。在他们看来，一只小狗、一片叶子，或者一片雪花都充满了可能，”艾伦·葛雷格曼说，“作为大人，几乎我们看到的所有事物，似乎都只有一种作用。”大人可以从孩子的心灵游戏中学到很多。遗憾的是，随着我们长大，这种富有价值的技能就慢慢消失了。学校和社会都更重视一致性，而非创造力。

有一个常常被人们讲到的故事。一位高中老师在黑板上画了一个小圆点，然后他问班上的学生那是什么。大部分学生没有反应，只有几个说那是“黑板上用粉笔画的一个点”。故事继续讲下去，如果你到幼儿园的一个班上做同样的实验，很可能你会得到数不清的答案：“那是外太空的一艘太空船。”“一只压扁了的虫子。”“天空中的一颗星星。”“从帝国大厦俯瞰的一只小狗。”“挡风玻璃上的一只苍蝇。”

孩子们不限制自己的想法，所以他们会冒出各种充满想象力的主意。相反，大人常常给自己的视野和可能性设限。因为有的东西不符合他们现在的世界观，所以他们拒绝接受。“是的，这是个很好的想法，但它不会起作用的。”“我喜欢这个概念，但是它的成本太高了。”“但我们从来没有这么做过。”

科学家就像孩子们一样，从来不会有这样的想法，否则，他们不会发现新事物。如果他们想发现一些前所未有的东西，那么他们必须接纳各种各样的想法，无论这种想法最初看起来是多么疯狂。发明家和科学家相信，受限于目前的科技，有些事物不能在当下实现，但它们会在未来成为我们生活中必不可少的一部分。

带着无边无际的创造力，孩子们给未来世界的想象注入了活力。他们跳出当前技术的限制，发掘出无穷无尽的可能性。只要有一叠卡纸或者几把废弃的椅子，他们就可以创造出一艘了不起的星际旅行太空船，想象着当他们阻止一颗巨大流星撞击地球时，看到行星在飞船外呼啸而过。

一起装扮

当我遛狗的时候，我会经过一个儿童照管中心。大概早上 8 点的时候，家长会将他们的孩子送过来。我常常注意到，孩子们不是直直地走路的。他们蹦蹦跳跳，倒着走，或者在临近校门时一下子跳过去。

万圣节是一年中孩子们最让我开心的日子，几乎所有孩子都装扮起来了。欣赏孩子们的打扮是一种特别的享受，因为他们都彰显出了服饰所代表的人格。例如，一个小女孩穿上了公主裙，淑女般地伸展双手，庄重地走着。一个男孩穿上蜘蛛侠的服装，蹦蹦跳跳，精力充沛。而另一个孩子穿成芭蕾舞演员的样子，走路时伸长脖子，脚尖向着外面。

看着孩子们被装扮改变，我想到，如果大人穿上自己不喜欢的或者令自己感到烦扰的人的鞋子，那会怎么样？我不是说真的要换上别人的装扮，而是说设身处地想象一下别人的境况，至少在心里想想别人会有什么样的感受，或者会遇到哪些问题。在我看来，如果大人可以尝试这种“装扮思维”，那么很多成人间的冲突会有不同的处理结果。

跨越障碍

如同诗人弗朗西斯·汤普森所说，孩子们“可以将南瓜变成马车，将老鼠变成骏马，将卑微的变成崇高的，将空无一物变成应有尽有”。孩子们运用想象力来教我们无拘无束地思考和跨越障碍。他们发挥内心的创造性力量，想象出奇妙的情景来取代一个不好的经历。

例如，一个孩子发挥这种力量，应对了一次极为颠簸的飞行途中的湍流。当飞机遇上气井突然下降时，一个5岁的孩子摘下他的帽子，用牛仔的声调大叫道：“耶——哈——！”

我总是被一些大人逗乐，他们会花大价钱来坐过山车，快乐地尖叫。但是，当飞机遇上气流，他们会吓得全身僵硬。当然，孩子们没有意识到飞机可能会遭遇意外。不过，下次你遇到颠簸的飞行时，还是可以想象自己是一个坐过山车的孩子，而不要一味想着会发生坏事。

过去我是一个极度紧张的飞机乘客，需要酒精来安抚神经。我常常旅行去做主题演讲和工作坊，飞机时不时会遇到气流。自从我不想再依赖酒精后，我尝试了好几种舒解压力的方法来让自己保持镇静。方法之一就是这种“过山车想象”，它常常能起到作用。

在我成长的过程中，尽管当时我的母亲没有意识到，但她会用一些富有创意的想象来让我好好吃饭。当我坐上高脚椅时，她会挖出满满一勺食物，高高地举起来，然后说“张大嘴巴，爸爸停在车库里的车要开过来啦”，或者是“张大嘴巴，飞机马上着陆了”。当然，我想不起来自己当时的想法了，但是我猜，在母亲的引导下，我将这看作一种游戏，而不是让我毫无兴致的吃饭时间。当我吃光了餐盘上的食物时，我立即成了一个表现优异的、骄傲的“光盘俱乐部”成员。

情景扮演

在本书的另一部分，我讨论了游戏的力量。那个部分主要是关于实体游戏，是孩子们在年幼时期玩的。然而，还有另一种形式的游戏也是孩子们会玩的，对大人来说充满价值。那就是心灵游戏——通过游戏式的想象，将令人恼怒的情况转变成另一种模样。

我的一个朋友黛安娜·马歇尔在一家非营利性组织工作，她也认同这种想象的力量。“几周前，”她说，“我要为我们的一个经费来源准备预算，这件事简直让我发疯。他们的要求极尽繁复，却只捐助很少的钱。在汇集所需信息的过程中，我将自己想象成一只大猩猩。这个滑稽的形象让我开心起来：大猩猩黛安娜手拿公文包去见政府官员，大猩猩黛安娜为她的雇员谈判提高薪酬，大猩猩黛安娜解释《美国老人法》如何影响老年人的捐款比例。”

黛安娜当然没有打扮成大猩猩去开会，但她说：“这个形象帮助我处理沮丧的情绪，它控制住我不去做令自己后悔的事。”

试想你有一份工作，需要一整天地处理公共事务。突然，一个怒气冲冲的人走进来，开始对着你大喊大叫。一个让你保持判断力而不被咆哮影响的方法就是在这个情景中开始心理游戏。一位缓刑监督办公室的接待员告诉我，当这一类事件发生时（事实上这种情况常常发生），她会采取一些心理游戏来解决问题。她将人们想象成动物："他们像大灰熊一样来找我，但我当他们是泰迪熊一样来安抚。"

角色扮演

演员就像孩子，总是在想象中扮演角色。通过这样，他们创造出催人泪下或者让人捧腹大笑的角色，有时候又将我们吓得惊慌失措。然而，这全都是幻想，全都是扮演。演员首先在他们心中创造那些角色，然后再透过行动展现出来。

旧金山市剧场的艺术总监比尔·英格利希告诉我们，演员是怎么做到这样的。"几年前，"他说，"在《阿比盖尔的聚会》演出后，我在大堂找到安吉拉的扮演者艾利森·怀特，她正在和观众交谈。我不断听到有人问她：'你觉得这场演出怎么样？'我和艾利森都笑了，我们俩其中一个指出，实际上艾利森参与了演出。观众大为惊讶，怎么会没认出她来。"

英格利希继续说："演员是怎么骗过我们的？他们怎么变成另一个人了？是因为魔法，还是技巧？无论答案是什么，我们都知道，台上的演员让我们完全相信她是朱丽叶、美狄亚，或者是安吉拉。而在现实生活中，她和两个孩子生活在郊区，白天做服务员来维持生计。"

《纽约客》的剧评家约翰·拉尔是喜剧演员伯特·拉尔的儿子。他说，他的父亲在台下常常是阴郁的，但是一到台上就变成了另一个人。他魔术般地变成一个可以点亮舞台和让观众感到快乐的演员。他们在心情低落时假装情绪高涨，在心平气和时假装怒气冲天。他们将自己想象成另一个人，而我们相信他们。

下一次你遇到糟糕的事情时，为什么不像孩子或演员一样，想象自己正在度过美好的一天？

大胆想象

"当我们是孩子的时候，想象是一种生活方式。"心理咨询师泰丝·怀特赫斯特在《幸福的艺术》中说道，"我们的想象力不仅仅是想象力——它是我们的世界！我们已经是大人了，为了让我们的智力思考保持活力和发挥作用，为了让我们充分享受生活，有意识地去培养想象力、让它翱翔高飞是很重要的。”

异想天开让孩子在令人畏惧的世界里获得了超能力和力量，对大人来说也是如此。在我的书《笑的勇气》中，我谈到了一位病重的男性。在漫长乏味，并且常常痛苦的治疗过程中，他用幻想和想象转移自己的注意力。例如，当他躺在检验台时，他想象自己从天花板俯瞰这个过程，将它看作一场精密的医学游戏，以此来自娱自乐。

在加利福尼亚索萨利托的心态治疗中心，当重病孩子面对威胁生命的疾病时，他们也常常做同样的事。他们给相似处境中的人提供缓解痛苦的建议，而不是聚焦在他们的疾病上。他们关注的是彩虹，而不是雨云。他们决心去学习如何控制心态，在内心世界保持微笑和快乐，而不是聚焦在外部世界所发生的事情。这给了我们一个富有启发性的提示。

无论你将这定义为想象、幻想、异想天开、做白日梦，还是心灵游戏，这都不是最重要的。真正重要的是，你把握住想象的力量，去做自己想做的事。

- 透过孩子的眼睛看世界 -

有人问一个孩子，他更喜欢电视还是收音机。

孩子马上回答说：“收音机！它的画面感更好。”

——佚名

- 做回孩子 -

在个人网站“心灵画布”（innercanvas.com）上，艺术治疗师丽莎·米歇尔写过白日梦的力量。她说：

你有过那样的时候吗？有一个词已经到嘴边了，就是想不起来。你越是去想，反而越想不到。

那是一种“僵硬”的思考，它并不能帮你想起那个词来。相反，当你放松大脑，停止“僵硬”思考时，那个词就会在你的脑海中蹦出来。充分放松，最后就能记起来——这是一种“柔软”的思考方式，在这种状态下，你是轻松的，而不是紧绷着。这有点儿像做白日梦。

她补充说道：

试着做白日梦吧。给心灵一点休息的时间，让你的思绪四处漫游。走远一点……当你从白日梦中回过神来时，重新构思你的想法。

你会倍感惊喜。

秘诀7

做一个探险家：世界尽在手中

真正的发现之旅不在于寻找新的风景，而在于有新的目光。

——马赛尔·普鲁斯特，作家

奥利弗·温德尔·霍姆斯曾说过，他一度很不喜欢洋蓟，直到他将洋蓟的叶子看作裙子。霍姆斯的意思是，透过转变观看方式，可以改变令我们苦恼的事物。我们可以将生活中的磨炼和苦难看作烦恼，或者，就像这一章所说的，我们也可以向孩子学习如何将它们看作冒险。

对孩子而言，生活就是一场冒险。一位女士告诉我以下这个故事。她正在处理一个又一个的个人问题，正当她以为情况不会更糟的时候，地下室的热水器爆炸了。所幸这没有造成严重的破坏，只是弄得一片混乱，还要花钱再买一台新的设备。她正要开始清理的时候，年幼的儿子从楼梯跑下来，大叫道："噢，太好了，我们又有新的冒险！"

上文所引的普鲁斯特的话提醒我们，拥有孩子般的新视角，我们可以发现一种崭新的看待世界的方式，将这个世界看作不断涌现兴奋体验的地方，将我们讨厌的遭遇看作一场场冒险。

一切都是冒险

有人曾告诉我一个故事，这个故事发生在她搬到中西部后不久。在一场雷电交加的大暴雨中，8 岁的孩子在闪电和雷声间坐立不安。她告诉我："暴雨越来越近，孩子们越来越害怕。3 岁的孩子一度脱口而出：'我希望永远没有离开布鲁克林！'"

随着一阵阵雷声和一道道闪电，孩子们越发不安。他们开始呜咽着说："爸爸什么时候才回家？"

突然，电灯重新亮起来了，过了一会儿，爸爸走进门来。当孩子们跑去迎接他时，最大的孩子连忙告诉他："厨房里正在漏水，到处都是虫子，电灯也不亮了，就像在露营一样。"

我的一个好朋友帕蒂·塞尔温分享了她和她的丈夫、7 岁和 10 岁的两个儿子在西西里岛旅行时的一次冒险。她告诉我们，一次令人失望的经历如何转变成旅行途中的高光时刻。

那天，他们想着去参观西西里的一个外岛，但是前往目的地的水翼船因为下雨和风浪取消了。他们不知道还能去哪里，甚至不知道晚上要睡在哪里，于是就开着租来的车在岛上四处转来转去，直到到达一个叫作帕蒂的迷人小镇。因为两个孩子都要剪头发，他们就进了一家旧式理发店。他们还没意识到这个意料之外的插曲会是多么有趣。"两位理发师足足在孩子们身上花了一个半小时。我们拍了很多照片，拍下他们每剪掉一撮头发的样子，拍下他们沉浸在香水中的模样，还有咯咯大笑的每时每刻。在雨天中剪头发的这段经历成为旅行中最美好的时光之一。"

无论身在何处，无论是在暴雨天的厨房里，还是在陌生国度剪头发，或者只是在地铁上找座位，孩子们总是有着冒险精神，这让人大感惊异。例如，当一群孩子在地铁上时，他们当中的一个就会开始发明游戏。当有人喊出“向后的”，所有的孩子就会冲去找一个向后的座位。另一个孩子可能会大喊“窗户”，突然所有孩子就会争先恐后地去找一个靠窗的座位，哪怕窗外什么都看不到，因为这是一列地下铁。

勇于冒险

“当我们是孩子时，我们总是乐于寻找每一片水洼，”艾伦·葛雷格曼写道，“而作为大人，我们总是选择避开。”他对比了孩子对水洼的游戏态度，以及大人对水洼的反应。孩子们将这看作一个嬉戏的机会和小小的冒险，而大人将它看作烦人的、想要避开的东西。葛雷格曼这样写一个孩子眼中的水洼：

仅仅一步跳进水洼还不算真正的游戏，我们需要全方位地体验这个自然的奇迹。所以，在最初的一跳之后，我们要低头看看，调整双脚，好让积水包围、浸没我们的鞋子。然后，一点点地移动我们的双脚，更好地感受这个水洼有多深。接着，很快地溅起一个小水花，又溅起一个更大的水花。再来轻轻地一跳，更用力地一跳，加上一连串上上下下、左左右右的快速跳跃。我们低头看看，欣赏沾满污水、湿漉漉的裤子或裙子，袜子或紧身衣，以及我们的双腿和双脚。

接着，葛雷格曼描述了大人对水洼的反应：

很多大人会想尽办法避开水洼。他们对水洼里到底有什么，或者他们可以溅起多大的水花毫无兴趣。水洼仅仅是对生活的一种潜在威胁，一种要光顾干洗店的讨厌的可能性。大人甚至发明了一些东西来减少踩进水洼的影响，他们将其称为雨鞋、鞋套、高底鞋。这些东西对一个孩子来说一定显得有点奇怪：为什么有人会破坏这种快乐的体验呢？

记者乔斯林·凯莱也同意说大部分大人会避开水洼。

“作为大人，我们对未知事物感到恐惧，”她说，“我们安全地躲在舒适圈里，极少踏出去冒险。但是，冒险可以激励我们和鼓舞精神。”

最后，作家、博士、专家认证教练切丽·卡特-斯科特让我们想想，如果做一个人生回顾，我们将会看到什么。她的一个大学朋友经常说：“我们后悔的，都是自己没有尝试的事。”卡特-斯科特说，她不想看到充满遗憾的人生。她想看到的，是一个充满由冒险而激发的奇迹时刻的人生。

当你回首人生时，你想看到什么呢？如果你觉得自己会看到不愿看到的，那么，或许正是时候向孩子们学习了，为自己创造一些奇迹的冒险。

尝试新事物

有一个故事说，一个山里人被问到，他是不是常常迷路。他回答说：“没有，我从不迷路。不过，有时候，我接连数月都不知道自己要去哪儿。”

孩子们就像这个山里人。他们常常好奇，不知道自己要到哪里去。但这对他们来说并不重要——一路都是崭新的事物，一切都是冒险。

旅行家马修·卡斯滕大概也拥有山里人或者孩子的冒险精神。他几乎卖掉了自己拥有的所有东西，在世界各地已经旅行了五年。他说，帮助你突破常规、寻找更多冒险的一个方法就是挑战那些让自己感到不自在的东西。你尝试得越多，就可以驱散越多的焦虑。如果你不是一个徒步者，那就去徒步旅行。跟陌生人讲话会让你觉得尴尬吗？那就跟所有人聊天。如果你不喜欢奇怪的东西，那就去尝尝你能找到的最奇怪的食物。

有一天，我观察了一个6个月大的孩子。尽管她不是在吃她能找到的最奇怪的食物，但她放了很多奇怪的东西在嘴巴里嚼。在我和她在一起的短暂时光中，她愉快地吮吸着塑料姓名牌、她的鞋子和她爸爸的西服翻领等物品。

我不是说你要吞食一些奇怪的物品，或者说卖掉你拥有的一切去旅行，而是说，你可以通过一些小小的改变，为生活带来更多的乐趣和冒险。

就像你们当中的很多人，我也订阅了提供折扣商品的“高朋网”（Groupon）。网站提供的优惠服务包括餐饮、商品，或者体验活动。在写这本书的过程中，网站推出了主打体验活动的优惠价。我对这些优惠活动特别感兴趣，因为全都是一些寻常生活以外的冒险活动，全都是我（或者你也是）从未体验过的。当中包括一些低风险的活动，如巧克力制作课，还有一些高风险的户外活动，如双人跳伞。仅仅是浏览活动介绍，我就感觉到了这世上有多少各式各样的冒险，而这只是一小部分。网站推出的冒险活动还包括射箭、玻璃吹制、室内攀岩、独木舟、调酒课、单桨冲浪、陶艺课和乘坐水上飞机。

说到水上飞机，我想起了我家的故事。我女儿 10 岁的时候，她的母亲，也就是我的妻子埃伦去世了。当我和女儿知道她患上不治之症时，那三年对我们来说充满了压力。我意识到，在我妻子去世后，我和女儿都需要从这场悲剧中得到抚慰，我们需要进行一场冒险。所以我在内湾航道轮渡系统上预订了一趟去往阿拉斯加的旅行。那是一场多么棒的冒险啊！我们尝试了水上飞机、极速漂流等各种令人兴奋的活动，还在一个有许多冰块从边缘崩解下来的冰川旁度过了夜晚。

这趟旅行是一个临时的、直觉上的决定，但是回过头看也是明智的。它不仅帮助我们的思绪从失去亲人中脱离出来，还帮助我们建立情感纽带。这种纽带让我们可以敞开心扉地谈论埃伦的去世，释放自己的情感，倾诉自己的悲伤。它也让我们可以一起笑一起哭。

我们常常会谈到对埃伦的思念。很多时候，当我们不知道在某种情况下该怎么办时，我们会问对方："妈妈会怎么做呢？"然后按照埃伦的方式来处理。我们也常常谈到埃伦，就像她还活着，还是我们生活中的一部分——某种程度上，也确是如此。我们继续这样的对话，尽管随着时间过去，这种交谈逐渐变少了。

– 透过孩子的眼睛看世界 –

一位母亲和她的儿子正在超市里购物。在洗衣用品区的通道里，他们跟在一位胖胖的、推着购物车的男士身后。小男孩显然被这位男士庞大的体型震惊到了，他的母亲担心他会说些让人尴尬的话。事实上，她心里实在太担心了，所以她让小男孩不要说话，除非发生紧急情况。就在这个时候，男士腰带上的传呼机响了，这对于孩子来说足以构成一个紧急事件。他抓住妈妈的手臂，大声叫道："小心！他要开始倒车了！"

– 做回孩子 –

“我们鼓励孩子们去尝试新体验，给他们报名舞蹈课、游泳课、足球队，”《开动大脑》的作者道格·霍尔说，“然而，我们自己并没有按我们说教的那样去做……作为大人，我们过着一成不变、约束重重的生活。”

为了改变这种情况，这里有 5 点建议可以帮助我们跳出陈规、变得更具冒险精神。它们改写自霍尔的一些建议：

1. 读一读《纽约时报》排行第一的畅销书，无论那是什么书。

2. 买一张发行量最大的唱片，拿着梳子当作麦克风来表演假唱。

3. 在黄页或网上名单中找到社区里排在第十位的餐厅，在那儿吃晚饭。

4. 到图书馆随机挑选一本食谱，然后翻开任意一页，做一道上面的菜。邀请别人来跟你一起享用。

5. 在当前上映的电影中找到名字最长的那一部，去看一看。

秘诀8

做一个宽容的人：言归于好

犯错的是人，宽恕的是神。

——亚历山大·蒲柏《批评论》

这是本书最短的一章，但也可能是最重要的一章。没有宽恕——宽恕自己和宽恕他人，生活就会变得污浊。就像一条被污染的河流，怨恨的垃圾会堵塞你的生活，阻碍它的流动。为了治理这种污染，我们可以请教宽恕的专家——孩子。

有时候，孩子们可以对一个玩伴很生气：“我讨厌他！我再也不和他玩了！我永远不想再见他，永远！”

可是过了几分钟，一切都被原谅了。他们又和那个小伙伴玩在了一起，就像什么都没发生过。一切都好了，一切都被原谅了。

消除怨恨

我记得我在布朗克斯成长的过程。我家住在一个五层的无电梯公寓，只有一个卧室。每户都和邻居共用一个通风井，里面有一个叫作升降机的小型手动装置，利用滑轮绳索将食品杂货、熨洗衣物等东西升到厨房。由于我家住在五楼，又没有电梯，当我们需要运送重物上楼时，这个装置就显得十分便利。

我记得我的母亲与共用升降机的邻居有了某些涉及这部装置的争执。我不清楚这场争执到底是怎么一回事，但是我知道当中一个重要冲突是因为邻居将鞋油洒满了我母亲刚洗干净的衣服，那些衣服就挂在正对她窗前的晾衣绳上。

在这次充满敌意的冲突后，我母亲和父亲都不再跟那个邻居说话了。我当然也被禁止跟他们家的孩子一起玩耍。

当我们在楼道里碰面时，我们甚至也不会说一句“你好”。当一个特别的节日来临时，我们也不会祝愿对方过得开心。除了在生气的时候，我们才会说起隔壁公寓里的那家人。我还记得我母亲说过：“我可以原谅，但我绝不会忘记。”

孩子们可能是“宽恕大师”，而我的家人似乎是“怨恨大王”。我的父亲不再和他的妹妹说话，因为我的母亲不喜欢她。我的表姐和她哥哥断绝关系，因为一些琐碎的不和。家族里还有一些人不再与父母联系，因为他们曾有过一些盛气凌人的评论。

在我的家庭里，大人常年带着怨恨。他们任由最细枝末节的事情破坏关系。相反，孩子们生气过后就放下这些事了，他们不会活在怨恨中。如果他们感到生气，他们会表达出来，然后事情就过去了。如果他们不高兴，他们会耍耍小脾气发泄出来——哭喊、流泪、尖叫、乱踢、击打东西，等等。但是，只要将情绪表达出来，他们就会赶走这种不愉快的心情。很多时候，他们都不会将自己感受到的不愉快留到第二天。

原谅 VS 不原谅

我先前提到的博主斯蒂芬妮·卡诺维茨从她女儿身上学到了很多关于原谅的道理。她写道："当小朋友拿走我女儿想要的玩具、曲奇、杯子、书、球或者乐高积木时，她可能马上就会伤心得哭出眼泪来。但过一会儿，他们又会玩在一起……孩子们很快就会给予别人第二次机会。"

卡诺维茨给出了一个很好的例子："在最近的一次玩耍约会里，我女儿呜咽起来了，因为她的朋友没有按照她希望的方式去玩……我站在女儿的角度去思考问题的核心：她有一个想法，但在执行过程中，她的朋友是一个障碍……我建议她们寻找一个和解的方式。后来女儿吸着鼻涕对她的朋友说：'可以按我的想法玩一会儿，然后再按你的想法玩吗？'问题就这样得到了解决……不仅如此，之后她也没有说'我不希望她再来了'或者'她太坏了'这样的话。她跟朋友拥抱道别，还说了'下次见'。"

尽管不是来自孩子的事例，但还有另一个关于原谅的、强有力的故事。当比尔·克林顿与纳尔逊·曼德拉会面时，他问后者是否因为被囚禁 27 年而对他的监狱看守感到愤怒。曼德拉回答说，他既生气又恐惧。但是，当他感受到自己内心怨恨冲天时，他意识到，假如他在被释放后依然对监狱看守心怀愤怒，那么他依然在他们的囚禁之中。所以，曼德拉最后说，如果想重获自由，他就必须选择宽恕。

怨恨的土豆

我听过一位老师的故事，她有力地向她的学生证明了，怨恨他人会为自己带来负累。

这位老师给每位学生分了一袋土豆，让他们将自己不可原谅的人的名字写在每一个土豆上——这些人可能惹他们生气了，可能欺负过他们，也可能辱骂过他们。然后她让学生将土豆放回袋子里，扛着袋子在教室里走。很快，怨恨带来的负重感就变得十分明显了。

在课上，冥想导师希尔维亚·布尔斯坦有时会让曾经摔断过骨头的学生举起手。当某些人举手后，她让那些伤口依然感到疼痛的学生继续举着手。这时，通常所有手都放下了。然后，布尔斯坦再让因为别人在过去一年所说的话而感到受伤的人举起手来。这时，大部分学生都举手了。她接着问，因为别人在五年前说的话呢？十年前呢？二十、三十年前呢？很多人的手依然举着。布尔斯坦指出，人们持续地背负着因为不友善的评价而带来的伤害。

问题的关键在于，为了放下我们背负的那一袋怨恨的土豆，我们需要宽恕在过去伤害我们的人，卸下伤害才能走向轻松无痛的未来。

宽恕之圆

在非洲南部的一个部落里，当某个人有不负责任的行为，这个部落会举行一次特别的宽恕仪式。这个由于犯错被指责的人会被单独留在村落中心，每个男人、女人、孩子围着他形成一个巨大的圆圈。

然后，部落里的每个成员都会跟这个被指责的人谈话。他们一一向前，跟他说起他一生中做过的好事，而不是反复数落他犯下的错误。每一件事情，每一次经历，只要他们能想起的，都会讲出来。这个人的正面品质、所做的好事，他的长处和善心，都会被认真详尽地一一细数。这一部落仪式常常持续很多天。

最后，人们围成的圆圈会散开，一场快乐的庆典取而代之。在象征意义和实际意义上，这个曾经犯错的人会被重新迎接回部落。

对于一个曾经有不义之举或者曾经伤害他人的人来说，这样的宽恕是多么的有力，多么的具有积极意义。很多人没有这样的机会去表达自己的宽恕，但想象一下，如果你可以向一个曾伤害你的人说出他的品德、善举、优点，而不是他的罪行，那么你觉得自己的怨恨还能持续多久？

– 透过孩子的眼睛看世界 –

在跟儿子玩接球游戏的时候，我发了一个很糟糕的球，从他头顶滑了过去。我说："对不起，这球投得太糟糕了。"儿子停了下来，满脸友善地说："不是的，爸爸，那是一个很棒的球。"然后他向着球走了两步，又停下来，转身说：“哪怕我们不认为一个东西是好的，但我们依然表示称赞，这就是一种礼貌，不是吗？”

——佚名

－做回孩子－

在一篇关于谅解的文章中，儿童心理治疗师莫林·希利写到了一位母亲。她在饭桌上谈论原谅的话题，希望消除日常生活中的伤害。当孩子们要睡觉时，她问他们：“还有人没有得到我们内心的宽恕吗？”

以这样的方式来结束一天，是多么富有力量！

或许在你退休前，你也会问自己同样的问题：“还有人没有得到我内心的宽恕吗？”如果答案是肯定的，那么，试着考虑原谅他们，或者尝试一些宽恕他人的练习，你可以在网络上找到许多这样的信息。

为什么应该这样做呢？因为，就像希利提醒我们的：“宽恕的心灵具有一股磁场，可以吸引美好的事物……越是自我谅解和宽恕他人，越可以使更多的奇迹、乐趣和幸福轻松地涌入心灵。”

秘诀9

做一个享受乐趣的人：又是美好的一天

5岁孩子的一个优点在于，只要有彩色吸管和巧克力牛奶，对他们来说就是最棒的一天。

——西蒙·荷兰，推特博主（@simoncholland），喜剧演员

在《做回孩子：内在小孩的疗愈方法》这本书中，心理学家詹姆斯·墨西拿和康斯坦斯·墨西拿定义了我们心中的“内在小孩”。他们注意到，除了其他方面，内在小孩“是我们年少单纯时的模样，是享受玩乐的、轻松愉快的、幽默的”。那是我们身上的一部分，“懂得怎样

创造乐趣和尽情玩耍”，这个部分“可以帮助我们处理生活中的压力，避免精疲力竭”。

内在小孩是“被大人驯服和控制了的自由精灵”，是“大人已经遗失或者忘记了的童年”，他常常沉默不语。但好在他仍然住在大人心底，还活在潜意识中。“如果大人愿意放松下来，放下严肃，克服恐惧，接受生活的弹性和改变，那么他就可以释放心里的内在小孩。”根据墨西拿夫妇的观点，对内在小孩的压抑，有时候会造成大人永远学不会如何玩耍，如何放松和享受生活。

这里有一些建议，可以帮助你找到心里的内在小孩。

像小丑一样胡闹

当孩子们疯疯癫癫、奇奇怪怪和傻乎乎的时候，他们常常哈哈大笑。就像仅仅一句没有意义的话，便足以让他们笑声不断。相反，面对一个疯疯癫癫、奇奇怪怪、傻乎乎的成年人，大人的态度总是消极。他们认为这样的人是不成熟的。然而，“傻瓜”（silly）这个词来源于古英语和德语，本意就是快乐的、幸福的和天堂般的事物，后一种意思将笑声引入严肃层面。

所以，是时候反思我们对这些词语的态度了，回到它们最初的意思，模仿孩子，因为通常他们傻乎乎时也显然是快乐的。

大人认为，如果他们到处胡闹，做些无用的事，那就是在浪费时间。但实际上，做些蠢事也可以大有收获。所以，或许我们应该拥抱“愚蠢”，而不是去回避它。罗杰·冯·欧克是一个充满创意的大师，他相信保持一点疯癫古怪，可以让创造力源源不断地产生。当一个设计团队保持严肃时，不会有新的想法产生。但是，当他们变得疯狂时，就会冒出许多新点子。

做些傻事，做些怪事，或者就像小丑一样四处胡闹，可以让我们在各种情况下获得新的视角。蒂娜·特斯纳博士是一家私人诊所的心理治疗师，也是《怎样成为快乐搭档：一起来解决问题》的作者。她提倡学习孩子式的“愚蠢”来防止争吵恶化。

“和一个可爱的 3 岁小孩发生争吵是很难的，这就是争吵到来时我丈夫的模样，”她说，“他会双手叉腰，挺起胸膛，像孩子一样完美地模仿父母生气的神态，说：‘是谁干的？’接着，他伸手指着那些引起争执的东西（乱七八糟的桌子，忘记做的家务）。我已经失去这样的幽默感了。看着他的模样，我就没办法继续生气，然后，我们会采取一些有建设性的方法来改善问题。”

在挖掘儿童世界里的傻事时，演员皮威·赫曼可以说是一个天才。在他的电视节目《皮威秀》中，有一期他拿出了一件巨大的内衣，想要展示可以用它来做些什么。他首先将内衣放在头上旋转包裹，将它变成一条包头巾。然后，他又让内衣从后背垂下来，变成瀑布一样的长发，大叫“长发公主”。

神学家康拉德·海尔斯采取孩子们的游戏态度来面对大人的世界，他给大人们的建议可以很好地结束关于“胡闹”的这一小节。在《上帝创造了笑声》中，海尔斯写道：“让各种权威人物极为恼怒的是，孩子们花费了巨大的精力在‘胡闹’上，他们拒绝理解一些重大事件的严肃性。但是，我们不要忘了，如果变成孩子，我们关心的也不会是一些重大事件。”

做个多姿多彩的人

“我 10 岁的女儿在一个笔记本里记录她放屁的事，

用 1 到 10 的等级来做满意度评分。”一位家长如此透露。

孩子不会压抑自己。比起大人，他们更加开放，不会自我束缚。他们只会大胆地表达和追求。相反，大人过分地担心别人的目光。这可能就是为什么孩子，尤其是越小的孩子，越会为便便和放屁这些身体机能大笑。谈到这些自然的身体机能，很多大人会感到尴尬，但孩子是没有禁忌的，他们是可以自嘲的人。

或许大人可以像孩子那样，学着放下一些心理障碍，在生活中多一点欢笑。例如，瓦维・格拉维（原名休・罗姆尼）经常到儿童癌症中心当志愿者，在那里，他常常感受到孩子惊人的幽默感。

有一天，瓦维・格拉维在一个 11 岁男孩的头上涂满了小丑化妆用的白色油彩。通常这一天他们都会放电影，这个男孩的妹妹就问，可不可以将电影投影到她哥哥头上。男孩因为化疗掉光了头发，所以那确实可以作为一个完美的投影幕。于是，就有了上面的化妆故事。孩子们坐在一起，一边吃爆米花，一边看着哥斯拉电影在男孩头上放映。就在这时，发生了更古怪的事，一群来参观的日本医生进入房间来检查这个“装置”！

多年前我看过的一个电视节目，也探讨了什么东西可以让孩子发笑。当被问到孩子的幽默感跟他们父母的有什么不一样时，一个孩子回答说："我们有幽默感，大人没有。"

确实是这样。

玩具不只是给孩子玩的

我还记得我女儿小时候的房间，那时她还处在"独角兽"阶段，几乎每一面墙都密密麻麻地贴满了独角兽的图画。然后，就是她的"动物"阶段，墙上贴满了照片：毛茸茸的猫咪，可爱的水獭，还有她最喜欢的海雀。到了十几岁时，这一切就消失了，换上了她心目中的"万人迷"克里斯·艾塞克的照片。还有一个阶段，她在房间里到处布置她的艺术品。我还记得有一把白色雨伞倒挂在房间中央，雨伞边缘还挂着石膏做的手部模型。她常常改变房间的布置，而且看起来很有意思，永远不会让人感到无聊乏味。

我想，这是我从女儿身上学到的一课。我的办公室和家里的很多地方都放着有趣的玩意儿。我的办公室到处都是玩具和其他有趣的物件，它们让我在各种工作中保持轻快的心情。好比现在，当我环顾办公室时，我就看到好几个天线宝宝玩偶、一个德国木制机械玩具、一个龅牙面具、一个小丑木偶、一个塑料的麦当劳叔叔玩具、一个蓝色大象音乐盒、一个瓢虫拨浪鼓填充玩具、一张伍迪·艾伦的亲笔签名照，等等。在一个不太顺利的日子里，只要看一看，或者玩一玩这些小东西，我就可以改善心情。

很多大人以为，玩具只是给孩子玩的。事实上，玩具对大人来说也是很棒的东西，尤其当你过度劳累的时候。几乎你在玩具店里找到的所有东西（或许除了玩具士兵和玩具枪）都是有益的，它们让你的注意力从压力中转移出来，提醒你放松一点。

很多年前，我看到了玩具的力量，那是一个填充动物玩偶。当时，我的母亲摔断了髋骨，正在一家康复医院休养。我给她买了一个布袋木偶，它看起来就跟真的金毛巡回犬那么大。在我母亲的病房里，很多病人都患有痴呆症或者阿尔兹海默病。他们当中很多人就呆坐着，盯着墙角，或者用手托着头。但是，当我推着轮椅上的母亲和那个玩偶在病房里转时，这些面孔都开心地露出了笑容。

当你感到压力巨大，灵魂需要休憩时，试着和玩偶互动吧。当你跟一只可爱的动物倾诉麻烦事时，就不会一直焦虑下去。或者，当你和别人产生分歧时，也可以让两只玩偶来对话，让它们说出各自的想法和感受。这些布料填充玩具有一种魔力，对于处理冲突情况是很有用的，因为玩偶可以说出大人不能说的话。而且，无论它们说什么，你怎么会跟一只玩偶生气呢？

我的一个同事发现，玩具不仅仅是很好的破冰船，而且可以提醒他不要活得太严肃。多年前，这位同事有一个带泳池的房子。社区里的孩子不停地翻过栅栏到泳池里玩。因为担心责任和保险问题，他把孩子们赶跑了。后来有一天，一个小男孩按了同事家的门铃，眼里带着歉意地递给他一只在泳池里玩的橡胶鸭子。从那以后，他到哪儿都带着这只鸭子——在公交车上，飞机上，或者餐厅里。当他发现自己太严肃时，他常常会试着让情况轻松一点。在餐厅里，他经常会问：可以给我的鸭子来一杯水吗？

玩具可以打破僵局，化解压力，与他人建立联系。当事情陷入停滞时，散放在会议室桌子周围的发条玩具可以改变整个会议的气氛。

玩具也可以给予人们极大的抚慰。压力专家埃斯特·欧里奥利谈到过她那宝贵的恐龙系列玩具："我不知道为什么，但我就是一直喜欢这些小小的恐龙玩具。有人养宠物，而我有我的小恐龙。有的我放在办公室，有的放在家里。当我出门旅行时，我也随身携带几只。人们可以说我是疯子，但有它们在身边，我就会觉得更加的安全和快乐。"

当你还是个孩子时，你可能会离不开从小包裹你的小毯子，泰迪熊，或者是最喜欢的玩具。变成大人以后，你还可以继续这样。如果你觉得这是个幼稚的想法，那么请继续读下去。

英国王子查尔斯旅行时总要带着他童年时代那只发旧的泰迪熊。此外，曾有报纸报道："全国各地的旅馆发现，在那些只提供给出差商人的房间里，可以找到毛绒动物和用旧了的婴儿毛毯。"

或许你也想用毛绒玩具重新点燃你的童年。《泰迪熊哲学》的作者苏珊·施瓦茨说，大人需要泰迪熊这样的玩具，因为它们可以立即"带我们回到充满爱和抚慰的时光中去"。

穿出你自己

孩子们以打扮为乐，大人可以从他们身上学习一些东西。打扮也可以改变你的心情，为你带来快乐。

在度过了一个特别糟糕的星期后，作家罗伯特·富尔格姆决定要让第二天过得好一点。所以，他在上班路上戴上了孙女的红白相间无檐小便帽。当他戴着这顶对他来说太小的、头顶上还有着螺旋桨的帽子时，他很难不开心。

有一次，有人问喜剧演员卡罗尔·伯纳特，她的服装给表演带来了什么影响。在她的回答中，伯纳特讲到了一个关于她三个女儿的故事。当她们要出门吃晚饭时，伯纳特希望女儿自己打理好头发，但是她们一点都不想动手。所以，伯纳特做了一个游戏。她在房门上挂了一个写着“美丽沙龙”的牌子，还穿上工作服来迎接她的“客人”。

当其中一个女儿敲门时，伯纳特打开门，就像沙龙店主一样说：“您好女士，我能为您做点什么吗？”当孩子们都站在门边时，伯纳特接着说："女士，您想进来美丽沙龙吗？您想进来看看还是……您想穿粉红色还是绿色的裙子呢？"

伯纳特所发现的，同时她在回应最初那个问题时想要谈的是，衣着打扮对我们的行为反应有着巨大影响。在餐厅里，她的孩子们的举止都变得很不一样。例如，她们变得更有礼貌，会请求说："麻烦给我递一下黄油。"

伯纳特很巧妙地将这个观念引入她的表演生涯。例如，没有人会忘记她那个古怪的登台。她滑稽地模仿电影《乱世佳人》里的斯嘉丽·奥哈拉，穿着厚重的天鹅绒窗帘从大楼梯上走下来，衣服上还挂着窗帘杆，还有窗帘流苏从头上垂下来。

这对大人而言，是重要的一课——你的穿衣打扮会影响你的感觉。所以，当你充满压力时，你可能想要好好打扮，穿上一些可以振作精神的衣服。就像我是以各种有趣的领带而出名的。我发现，一条颜色鲜亮的领带不仅可以让我精神饱满，而且，每当别人对我"当日特选"的领带发表意见，那就是一个很好的互动方式。

穿衣打扮不一定要特别精致。有一次，我和我的母亲、女儿、堂兄弟一起出门看马戏表演。走进大帐篷的时候，我们每个人都戴上了一个红色的橡胶海绵小丑鼻子。观众都被我们这个滑稽的模样逗乐了，反复来问我们在哪里可以给自己买一个这样的鼻子。

还有一次，我将自己的脸涂成白色，打扮成小丑的样子去看“林林兄弟”与“巴纳姆和贝利”马戏团。观众里有孩子以为我是小丑表演的成员之一，所以幕间一大群人来问我要签名。节目纪念册上的签名让他们拥有了愉快的一天，而他们也让我过得很开心，因为他们让我感觉像成了明星。

在我的幽默工作坊里，一位参与者也分享了一次打扮成小丑的快乐体验。她说她要参加一次不喜欢的旅行，于是她到本地的一家廉价旧货店买了她能找到的最宽松、颜色最鲜艳的裤子，一些红色的裤子背带，还有一件波点大 T 恤。然后，她还买了一顶便宜的彩色假发和一个红色的小丑鼻子。

她说：“我原本不想参加旅行，但那天成为我人生中最美好的一天之一。当我穿着小丑的服饰到达机场后，一些孩子跑过来问我要签名。还有一位男士相信，他最近在一个马戏团见过我。美好的事情还在后面，当机场宣布我们的航班开始登机时，他们说：‘现在只办理优先登机。需要一些额外时间的乘客、带小孩的家庭，还有小丑请先登机。’”

如果这种夸张的外在打扮不适合你，那也可以穿一些别人看不见的，让自己在心里咯咯笑——例如在外衣下穿一些奇特大胆的打底衣物。只有你自己知道穿了什么，但每一个人都会好奇，为什么你脸上有这么大的笑容。

寻找乐趣

向孩子学习，找到让你真正享受的东西，找到有趣的事情，然后就去做。举个例子，有一位女士从很小的时候开始就在纽约中央公园坐旋转木马。所以，每当她感到有压力，或者每当有事情烦扰她时，她就会和她丈夫到公园去坐旋转木马。这能改善她的心情，给她带来纯粹的快乐。

妨碍我们享受乐趣的一个因素是我们试图去控制情况，有的大人会这么做——应该说是很多大人。吉姆·温特在照顾两岁半的孙女后意识到了这个问题。温特是一个即兴表演集团波长股份有限公司的总裁，所有知道即兴表演的人都明白，这种表演需要“跟着感觉走”，而不能试图去控制情况。不仅如此，温特说：

> 我自告奋勇要去照看维塔，但她一连病了好几天，这场探望变成了五天的马拉松。我们全天候地被喝水、洗热水澡、吃布洛芬、量体温和令人感到愉快和安慰的偎依所包围。至少，对我来说那是愉快和抚慰人心的。
>
> 随着维塔慢慢康复，她开始照料她的动物玩偶。有一天，当她在治疗她的小熊时，我看到她给它喂了相当多的“药”（从她水杯蘸出来的水滴），支起它的凳子都湿了。我把凳子擦干，建议维塔下次可以给小熊少喂点药。她条件反射地挥手把我赶走，对我说“走开”。然后，意识到自己的要求是无礼的或者没有用的，我注意到她的眼睛和脸庞突然一亮，她想到办法了。
>
> 她微笑着抬起头看着我说：“你要去便便吗？”（就像我可能没想过这回事，但是时候了。这不是一

个很好的主意吗？她又问了一次：“你要去便便吗？”）

“你希望我去便便吗？”我哈哈大笑着问她。她点点头，然后命令我：“你快去便便！”

我只能听她的。显然，为了情况好点，我是应该离开的。我走开了，但是厨房的岛台可以让我绕着走，当我转过身来，可以一眼看到身后正在发生的事情——当然啦，她还是在喂小熊吃惯常那么大剂量的“药”。我让她看到我，开玩笑地大声问：“你在干什么？”被我当场发现后，她吃惊地扬起了手，激动地尖叫起来。当她看到我在笑时，我们爆发出咯咯的笑声，最后偎依在一起。

接下来两天，维塔继续照料她的动物玩偶。我不再担心有多少“药”洒出来了。

维塔让我意识到，如果总想插手一切，周围就没有有趣的事情了。

“你要去便便吗？”

几年前，我买了一辆“漫步者”（PT Cruiser）汽车，因为我觉得它的造型很有意思，不像其他很多车那么无聊。我喜欢仪表板上各个不同的圆形物件，包括一个圆形的非数码模拟时钟。我甚至喜欢“漫步者”首字母的含义——私人交通（personal transport）。当我向一位朋友展示了我的新车后，他问我为什么会买一辆这样的车。我骄傲地回答他：“因为它很可爱。”他不禁大笑起来。显然，在他心目中，没有人会因为可爱而买一辆车。他可能认为，你买一辆车是因为它的耗油量低，转售价格高，或者甚至是因为后厢空间大。但这不是我的想法。我想每次坐上这辆车都感到开心。我想要一辆给我脸上带来笑容的车。我想要一辆有趣的车。可爱的“漫步者”就是这样，它让我的心唱起歌来。

说到唱歌，还有两件孩子们常常做的事可以为大人的生活带来更多乐趣——蹦蹦跳跳和唱歌——虽然两者不一定同时发生。

“我们所有人都忘了唱歌是多么美好的事。”尼塞·贝雷斯福德在她的博客“女性谈话”（allwomenstalk）里说，“这是从生活中学到的让我们开心起来的最简单的方法，其中唱歌就是最简单的。当你感到紧张压抑时，或者有一种想在歌声中爆发的冲动时，那就唱吧！你甚至都不需要放声歌唱，哼哼旋律、吹吹口哨的效果一样好。当你在早上淋浴或者泡澡的时候，大声唱出最喜欢的曲子，你会为它开始美好一天而感到惊喜。”

我觉得我是贝雷斯福德说的那种人。我很喜欢百老汇音乐剧，所以我总是在唱剧里的歌，常常自己编歌词，或者将正在发生的事情编成一部迷你的百老汇歌剧。对我来说，这是一个很好的情绪激励器。

社会营销战略师泰迪·罗宾很积极地倡导大人唱歌，以及蹦跳。他说：“你需要寻找一个方法来缓解令人崩溃的工作日压力，让自己开心起来吗？那就学习像孩子那样跳起来吧。我不是在开玩笑！这听起来可能有点傻，但它真的不傻。跳跃时（无论是否使用跳绳）左右脑都得到了使用，并且这可以增强左右脑的协调性和肌张力——甚至骨密度。想想童年的时候，你感到高兴就会跳来跳去，这是件有趣的事。或者像我一样，作为一名父亲，看看女儿蹦蹦跳跳时那种纯粹的快乐。我很快意识到，让孩子们开心的最好的办法，就是和他们一起跳起来。当他们开始打架，或者正要吵起来时，我会抓住他们的手，一起跳个不停。这让我看到了，跳跃可以让每个人变得多快乐。”

罗宾提醒我们：“跳跃也可以改善你的心情。试试看吧！我很确定，在街区一蹦一跳后，你（或者你周围）

的愤怒和压力就不可能再存在。实际上，不要感到惊讶，几个单足跳后你就会像孩子一样重新开怀大笑。”

– 透过孩子的眼睛看世界 –

当妈妈在购物的时候，一个小男孩站在百货公司自动扶梯的入口，一直专注地盯着移动的扶手。一位售货员注意到这个情景，他走过来问小男孩：“你是找不到爸爸妈妈了吗？”小男孩回答说：“没有，我是在等我的口香糖转回来。”

——佚名

– 做回孩子：像小丑一样四处胡闹 –

给自己买一个红色的小丑鼻子，时刻将它带在身上。每当你要化解一个尴尬的处境时，就戴上它。

– 做回孩子：玩玩具 –

当女儿出生时，作家沙拉·班·布雷斯纳克意识到，作为母亲的一种快乐是现在她可以有“正当理由”到玩具店购物了。当女儿长大了，对玩具不再有兴趣时，班·布雷斯纳克开始打造她自己的玩具箱。她往里面放各种东西，如贴纸、有趣的卡片、一个奶牛形状的牛奶罐、一串辣椒灯和一根魔法杖。

她鼓励所有人都去打造自己的玩具箱，去想一想自己小时候想拥有却没有得到的玩具。现在还来得及，如给自己买一个可爱的动物玩偶，一个玩偶屋，或者一列电动小火车。

你会用什么来填满你的玩具箱呢？

我的玩具箱必备的一个东西是一罐泡泡水。紧张时刻，它们常常给我带来极大的宽慰。我记得有一次在道路收费区等待付款时，遭遇了严重的交通堵塞。当我往车窗外吹泡泡时，我注意到在我旁边的是一辆黑色加长版豪华轿车。当后车窗摇下来时，有一位女士正在后座小口地品尝香槟。看到我吹的泡泡，她向着窗外大声说，让我往她的那边吹一些。我开玩笑地叫回去：“给我这边来点香槟。”我们一起开心地笑了，交通也开始畅通起来。

– 做回孩子：装扮起来 –

有一天，我的一位朋友在清理衣柜时找到了一大袋很多年没有戴过的女士帽子。那天晚上，她要参加一场大概有八个人的晚餐派对。她决定用这些帽子来营造点乐趣，而不是直接扔掉它们。晚上当客人到来时，她递给每个人一顶帽子，让他们一整个晚上都戴着。这些帽子以某种方式释放了餐桌上每个人的玩乐天性。他们编故事说这些帽子是由谁设计出来的，他们在怎样的情况下买下这些帽子，以及这些帽子到过世界上哪些地方。这些帽子使这次晚餐成了一个真正的派对，而不仅仅是一顿晚饭。

装扮起来，让自己今天过得愉快。如果这对你来说有点夸张，那就等待一个假日，然后留意自己穿上这种装扮后的感受，以及和别人交流时的乐趣。

– 做回孩子：享受乐趣 –

除了通过唱歌和蹦蹦跳跳来让生活更有趣味，励志演讲家、《纽约时报》畅销书《当下的奇迹》的作者加布里埃尔·伯恩斯坦建议："舞蹈也是让你充满能量、赶走坏情绪的最佳办法之一。打开一个热门的音乐频道，让音乐充满你的卧室。闭上眼睛，尽情地跳舞。不要担心，没有人会看到。"

如果你对跳舞有点恐惧，还有一些其他方式可以让你笑起来，尤其是在工作中：

· 给粗话编上数字，当你遭受压力时，喊出一个数字。如果你真的感到压力巨大，那就喊出一个大的数字，就像 5832463。如果只是一个小小的烦恼，就喊一个像 5 这样的小数字。

· 收集有关你的工作或者工作问题的漫画。当你需要调节一个严肃的时刻时，它们会是一种滑稽有趣的放松。在会议、业务通信、布告板上使用这些漫画。例如，有一个 CEO 每个月给讲述公司正在发生什么的最佳漫画奖励 1 美元。"这是我花过的最有价值的调研费，"他说，"比起其他调查，这些漫画让我知道团队面临的压力和关注的问题。"

· 在办公室里放一些有趣的提示牌，提醒自己和同事保持轻松的心态。例如：

“永远不要和一头猪摔跤。如果这么做，你和猪都会变脏，但是猪会乐在其中。”

“早上先吃一只青蛙，接下来一天都不会有更糟的事情了。”

还有一个告示牌十分吻合当下的商业环境：“由于开支削减，隧道尽头的光线会熄灭，直到有进一步的消息。”①

· 在你度假时，寄一张大胆吓人的明信片到办公室。或许可以寄一张描绘当地购物中心的明信片，写上：“玩得开心，希望你也在这儿。”

· 设立“本周最佳客户奖”或者“本周最差客户奖”。例如，银行的柜员可以竞逐后一个奖项。很快，他们就会发现有的客户变得没那么令人恼怒了，因为焦点都落在他们身上。

· 在墙上装饰名人亲笔签名的杂志照片。至于这些照片是从哪儿来的？由你自己来说。例如，“给玛丽。非常感谢昨晚能拥有如此美好的时光。爱你的罗

① 在英语中，“隧道尽头的光线”意指希望的曙光、苦尽甘来。

伯特·雷德福[①]”。

·给表现优异的员工发行“优惠券”，“允许提前5分钟下班”。或者“可以使用公司总裁的停车位一天”（总裁外出时尤佳）。

·在周围放一些带给你欢乐的人的照片。当事情进展不顺时，看看它们。每次去做演讲时，我都会在手边放一张我女儿莎拉的照片。那张照片是她把奶油派扔在脸上后拍的（这是她好几年来一直想要的）。

·做一个卡通备忘录或者其他让你大笑的趣事备忘录，有需要时打开看看。

---

① 美国传奇影星。

秘诀10

做一个快乐的人：别担心，高兴点

快乐是我们与生俱来的权利。所有孩子（只要没有受过创伤）都拥有快乐，这是意识中固有的。快乐是我们本性的反映——一种存在于每个人内心中的纯粹的、永恒的、不可亵渎的精神。

——杰克·康菲尔德，修行者

孩子们知道怎么玩得开心，他们是快乐大师。他们总是乐在其中，又等待下一个更快乐的机会，无论那是什么。孩子们就像在集中注意力等待快乐的信号。

大人有时候觉得大笑是件蠢事，他们认为这是不成熟的。如果你认为笑是一件多么糟糕的事，那么大人可能是对的。毕竟，一次好的、发自内心的大笑会让你眼泪鼻涕都流出来。（有时候，大笑彻底放松肌肉，甚至会让你湿了裤子——你笑得忍不住尿尿了！）

在这里，我不会讨论笑的生理和心理益处。但是，全世界成千上万的“笑容俱乐部”正在定期练习笑来促进身体健康，还有多个世纪以来，精神导师们向我们展示了笑作为解忧药的重要性，这足以证明笑的好处。

在公元10世纪的中国，一个快活的大肚子僧人——布袋和尚被称为“笑佛”。他总是一副快乐的、爱开玩笑的样子，喜欢和孩子们玩游戏，而不是整天在庙里念经。他的一个信念是，孩子们比僧人知道得更多，当我们开心玩耍的时候，神与我们同在。布袋和尚给我们的启示是，一个开怀大笑的人也可以是开明睿智的。

我的私人精神导师斯蒂芬·莱文教导了我很多笑与泪之间的关联。他向我展示了笑容来源于心态开放。换言之，当我们笑起来时，我们不是执着于生活一定要是怎样的这个问题，而是接受生活本来的样子。

允许自己有笑的机会，意味着爱自己。当你笑自己或者笑自己的处境时，你是在接纳自己，包括自己的缺点和过错，你是在向自己的“愚蠢”敞开胸怀，你是在重拾孩子般的天真无邪。

把握当下

很多年前的一个夏天，我在一个度假村度假时，一个朋友带着她的两个儿子来看望我。那天天气多云阴冷，泳池里和周围一个人都没有。但是，这并没有妨碍我朋友的两个儿子的兴致。他们脱下浴袍后，就跑到泳池边，一下子跳进去了。那天下午三四个小时的时间里，他们都在泳池里玩耍，将椰子抛来抛去，用各种各样的方式将塑料躺椅拼起来，把自己藏进去。度假村里的大人都不敢出门冒险，但对孩子们来说，是不是晴天并不重要。重要的是，不管天气如何，都要快乐地度过这一天。他们就是这么做的。

每年第一个星期天，我都会参加白色石头仪式。仪式上，每一个聚会者都会得到一块白色石头，有时这些石头是从以色列进口的。接着，冥想一段时间后，每个人都将刚才那段安静的时间里闪现在脑海里的一个或两个词写在石头上。这些词是对未来一年的指引。这不是许新年愿望，而是确立我们想看到的某种改变，或者一个未来的主题。

在我脑海中冒出来，然后被写在白色石头上的词是“快乐”。

对于我正要做的我们能从孩子身上学到什么这项工作，“快乐”这个词是最完美的，因为孩子往往是快乐的。孩子们在身边所有事物中寻找快乐——连最细小的东西也不放过，如包裹物品的气泡袋，或者在街上踩进一个小水洼。

我注意到我的白色石头上有着不完美的地方。仔细观察后，我发现它的边缘有一些破损，有好几道发丝一样的裂缝。这提醒我尽管有一些不完美的成分，但是“快乐”这个词一整年都在石头上，就像一个孩子擦破膝盖或者玩具坏了后，很快就从中恢复过来，继续寻找快乐。这些裂缝提醒我，我也可以跨过生活中的各种障碍，再次找到快乐。

孩子们似乎懂得把握当下，在任何事物中发现快乐。举个例子，我的朋友凯琳·布克斯曼的儿子在很小的时候，她说：“当他正收拾准备上学时，我听见房间里传出有趣的声响。我打开他的房门，发现他正在床上跳舞，衣服套在头上甩来甩去，脚上热情地节拍分明地踢着。‘你在干什么呢，小伙子？’我问他。他笑了笑，以 7 岁的智慧回答说：‘我觉得穿衣服时玩得开心是很重要的。’”

“当你对日常工作感到无聊时，”布克斯曼提醒我们，“唱点好笑的歌，跳舞，玩点抛接杂耍，做个游戏”。

寻找笑声

有人说（尽管我还在找研究文献），孩子每天笑 400 次，大人只有 15 次。长大成人的过程中，我们每天失去了 385 次笑声。幸运的是，如果你追求的是欢笑，那么孩子可以告诉你怎么重获笑容。

在我小时候，笑似乎是一件自然而然的事。我被快乐包围着，最细小的东西也可以让我感到快乐。即使是我在玩的玩具被砸坏了，我的悲伤也会很快消失。然而，对大部分人来说，随着年龄增长，作为大人的责任感似乎慢慢将我们的幽默感挤走了。在成熟的过程中，童年的笑声带来的快乐似乎逐渐淡去。

很遗憾，没有人教我们怎样去笑。相反，当我们长大了，常常有人教我们不要笑。大人教导我们不要跟生活开玩笑："安下心来，严肃一点。"学校教育我们不要享受快乐："别这么笑。"一位老师说："教育是严肃的事情，不能将它和有趣好玩的事情放在一起。"这听起来就跟我成长中遇到的很多老师的想法一样。他们教导我，学校就像生活那样是严肃的。在学校和生活里，都有人跟我说，就像你可能也听到过的："不要那么幼稚。"

随着慢慢长大，我们不再幼稚，不再到处开玩笑，因为我们需要被认可。我们学着放弃自我来获得他人的接纳。为了从老师那里得到好的分数，或者从长辈那里得到认可，我们禁止自己自然而然的举动和笑声。每当我们放弃自己的天真自然的笑声时，我们都在牺牲自我的一部分。正是我们的世故给自己造成了窒息和痛苦。

对大部分人来说，童年的笑声带来的快乐随着成熟渐渐远去。这是个坏消息。然而，好消息是你还可以重新学习欢笑。孩子可以告诉我们怎样去做。如果你不相信，试着和一群还没上学的孩子待在一起。几乎每一件事情都会让他们笑起来。

传播笑声

很多时候，我们听到别人笑了，自己也笑起来。你觉得为什么电视情景喜剧会有笑声音轨？因为他们知道，哪怕台词不够有意思，如果有其他人在哈哈大笑，你可能也会跟着笑起来。他们还知道，如果你是一个人在看节目，你可能笑不起来。所以，如果这是真的，如果身边的笑声可以帮助我们笑起来，那么，其中一个最简单的、可以给你的生活带来更多欢笑的方法就是和孩子们待在一起，听听他们的笑声。

纽约试金石儿童中心的创始人和主管理查·刘易斯对孩子的笑声有过一个可爱的描述。他说："我的孩子很小的时候，在乡下过暑假，晚饭后他们常常和邻居的孩子一起消失了。有时候，我们只能通过他们的笑声找到他们。那种笑声是这样的：一阵阵美妙愉悦的滑音在田野上起起伏伏。那常常是一种尖细活泼的声音，如果你不知道它来自孩子，可能会以为是一种奇妙的新品种鸟类正在兴奋地互相歌唱。"

“字面思维”

大人常常会笑孩子说的话，可能其中一个最常见的原因是他们总是从字面上“如实回答”。例如，当一个7岁的女孩被问到她有多爱她1岁的弟弟时，她想了想，然后回答：“40%。”

咪咪·布洛斯基老师提供了另一个来自她的幼儿园班级的例子：

> 我正在回顾《绿野仙踪》，那个星期大部分孩子都在电视上看了这部电影。我想围绕龙卷风出现的情节发散讨论，所以我让班上的孩子想想“在故事开始时出现的”的龙卷风。
>
> 乔希更正我说：“龙卷风不是在故事开始时出现的。”
>
> “哦，是在接近故事开始的时候，在故事前面的部分。”我继续说。
>
> “不是的，”他坚持说，“不是在故事开始。龙卷

风不是在故事最最最开始出现的”。

“好的，好的。所以故事最最最开始出现的是什么呢？”我投降了。

“制作人员的名单！”他宣布说。

钦费尔德提醒我们，孩子的逻辑是独特而纯粹的。“举个例子，”她说，“我们讨论的主题是交通工具，幼儿园的孩子和我正在收集用不同的交通工具作为舞蹈道具的建议。在智囊团的一次讨论暂停中，我问：‘还有其他不同的交通工具吗？’彼得马上补充说：‘有，爸爸的肩膀！”

尽管从字面上看这不是对钦费尔德的问题的正确回答，但这个答案展示了我们先前讨论过的跳出思维定式，孩子们在这方面做得很好。

我的弟弟迈克尔和他的儿子詹森也曾有过从字面上讨论问题的故事。詹森天生有 80% 的双边听力障碍，这个故事就是因为他从字面意思理解几个词而引发的，给我们提供了有意义的一课。

因为詹森的听力障碍，当他小的时候，教他词语的意思是一件很困难的事，尤其在一个词有多种意思的情况下。我弟弟说：“有一天，那是詹森3岁刚佩戴上助听器时，我们给他准备了汉堡和薯条作为午餐。他加了一些番茄酱在汉堡上，又撒了很多盐在薯条上，真的很多！我阻止他说：‘太多盐了，那会杀死（kill）你的。’我的意思是，如果他吃那么多盐，对身体健康是不好的。’他马上放下盐罐，歇斯底里地哭起来，他以为自己真的立即就要死了。我花了一些时间才把他安抚好，从那一刻开始，我意识到我应该用最简单的方式向他解释任何有双重意义的单词或者短语。”这件事也让我弟弟明白了，他在工作中需要简化给自己指导的飞机技师的指令。

如果大人希望从一个稍微不同的角度来看世界，那么偶尔从表层意义上来看待事物或许可以带来一些字面思维和笑声，就如同孩子所做的那样。例如，一位母亲和她的儿子刚从杂物店回来。他们开始整理各种物品。小男孩打开一盒动物形脆饼干，然后把它们全部铺在桌子上。“你在干什么呢？”男孩的妈妈问。“盒子上说，如果印章[①]坏了就不能吃了。”男孩解释说。

① seal，印章，另有密封之意。

“我在找那个印章。”

分享笑容

我的一个没有孩子的朋友被请去照顾一名7个月大的女婴，因为宝宝的父母要出门旅行一星期。我的朋友不是一个早起的人，宝宝却是。因此，每个早晨，甚至外面天还没亮就要早起对朋友来说是一件极为困难的事。但是，她告诉我，一看到宝宝那张明亮的笑脸，她也会充满快乐。她发现，她不再像以往的早晨那样迷迷糊糊。一个快乐的孩子绽放的可爱笑容改变了这一切。

在你感觉无法微笑的日子里，学习那些小小的笑脸。找一个醒了的宝宝，看看他的脸，我保证你也会微笑起来。宝宝们对我们施展了魔力，他们是“即时笑容产生器”。“我的孩子在寻常日子里也会整天地微笑。”博主马特·瓦伦丁说。“很多时候不需要一个理由，他们就笑了。我试着向他们学习，尽可能常常微笑，我确实感到发生了很大的改变。”

当你微笑的时候，你也触发了身体内部的快乐记忆。根据克拉克大学的一项研究，你是真的还是假装微笑并不重要。一次假笑跟一次发自内心的笑对你是一样有益的。

这就是为什么医学博士大卫·布瑞斯勒给遭受痛苦的病人开出了每天两次微笑的处方。每一天，他们必须在镜子里看着自己微笑。当你病了，感到痛苦或者压抑时，最难的事就是微笑。但布瑞斯勒说，如果你要踏上康复之路，那么这个免费药方就是必需的第一步。

微笑可以帮助你早日康复，保持健康。根据医学博士约翰·迪亚蒙的观点，微笑可以促进维持免疫系统平衡的胸腺素分泌。不仅如此，他说，只要看看笑脸，就可以给予你更多的生命能量。如果你希望看起来年轻一些，微笑就好了。一项德国研究中，志愿者观察了超过 2000 幅不同面部表情的人物照片，发现如果照片中的人物是在微笑，志愿者猜测的年龄会比人物实际年龄年轻两岁。

另一件关于微笑的事是：微笑是有实际效益的。微笑的女服务员收到的小费比没有笑容的多；如果收银员面带笑容，态度友善，抢匪就不会抢劫这家商店。微笑甚至可以帮你找到工作。当大型连锁酒店为新门店招聘人员填补岗位空缺时，面试期间微笑少于四次的候选人会被淘汰。

所以，无论是为了健康还是财富，记住百老汇音乐剧《安妮》里的歌曲《微笑是最好的打扮》教给我们的：最重要的不是从头到脚的打扮，而是从耳朵到耳朵的。

– 透过孩子的眼睛看世界 –

6 岁的恰克被问到读一年级最美好的时刻是什么。

“课间休息！”他大声地说。

“那最不好的呢？”

“错过课间休息！”他 8 岁的表哥保罗抢着说。

——“趣味孩子”网站

– 做回孩子：快乐 –

本书先前提到的心理学家詹姆斯·墨西拿和康斯坦斯·墨西拿给出了一些建议，可以帮助大人增添生活乐趣。其中可能有你想要尝试的：

每天、每星期、每个月或者每年尝试一个新的爱好，体育运动或者有趣的体验活动。

为每周进行有趣的活动设立一定的金钱预算。

列一个有趣事物的选择清单，贴在浴室镜子上来提醒自己。

他们还建议了这些趣味活动：

- 在后院举行一次夜间烛光野餐。
- 找一天玩扮演女王或国王的游戏，放纵自己。
- 举办一场不需要理由的派对或者“非生日派对”。

哪个是你想尝试的呢？

– 做回孩子：笑声 –

在我的幽默工作坊设置的一个环节中，我一次又一次地见证了孩子的智慧。我让参加者找出给他们造成精神压力的东西。然后，我让他们像 6 岁孩子一样来处理这些充满压力的事情。令人惊讶的是，当他们透过孩子的眼睛来看时，这些大人的问题突然就改变了：一通通的电话变成了玩具，堆积成山的文书变成了折纸飞机的材料，无聊的会议变成了认识新玩伴的机会。

大部分由参加者想出来的孩子式的解决办法不可能真的有大人会去执行，但这个过程帮助他们看到，孩子式的思维可以给一个尴尬局面带来新视角。突然之间，人们认定是充满压力的事情就变成了笑料。

试一试：写下现在正令你感到有压力的事情。然后在这件事下面，写下孩子可能会采取的各种应对方法，直到你咯咯地笑起来了再停笔。

－做回孩子：微笑－

笑不出来吗？

试一试：拿起一支钢笔或者铅笔，让笔的顶部朝左边，笔尖朝右边。现在，将笔放进你的嘴巴里，尽可能地往里推。然后，嘴巴保持这个位置不动，将笔拿走。

刚才你已经让你的脸露出了笑容。因为身体不知道真笑和假笑的区别，所以你拥有了一个真实的笑容所能带来的各种益处。

秘诀11

做一个善良的人：爱让地球旋转

任何一个善举，无论多小，都不会白费。

——伊索，寓言故事家

每一个和孩子待过的人都知道，他们不总是友好的。他们也可以是不友善的、让人讨厌的、带着恶意的。但这通常只是一个暂时的状态。在大多数情况下，除非被教导过，否则，孩子都有着无条件的爱，对所有的生灵和事物有着天然的亲切感。

接下来这个经典故事是对孩子的爱心和慈悲心的完美诠释。这个故事关于一个男人，他惩罚了3岁的女儿，因为她浪费了一卷金色的墙纸。因为经济紧张，当孩子试着用金色墙纸装饰一个箱子，将它放到简陋的圣诞树下时，这个男人勃然大怒。

第二天早上，小女儿将礼物送给她的父亲，她说："爸爸，这是给你的礼物。"男人为他之前的过度反应感到羞愧，但是，当他发现箱子是空的后，他又怒火重燃。他责备小女孩说："难道你不知道当你送别人礼物的时候，盒子里面应该放东西吗？"小女孩抬头看着他，泪光闪烁地说："哦，爸爸，那不是空的，我将飞吻吹进箱子里了。"男人被女儿的话击中了，他抱住小女孩，请求她的原谅。

过了很多年后，这个男人依然将这个金色箱子放在枕边。每当他感到沮丧时，他就拿出一个想象中的飞吻，回忆起那个将飞吻吹进箱子里的小女孩的爱意。

无条件的爱

"在爱这件事上，孩子们没有任何偏见。"乔丹·勒朱万在他的博客"崇高存在"（High Existence）中写道，

“如果你对一个孩子微笑，他会回赠你一个大大的笑容，这只因你的出现，没有别的理由。孩子的爱都是不求回报的，他们只是单纯地去爱。”

勒朱万说，孩子们心中也没有那种会阻止他们爱人的社会边界。“在被教导‘不要和陌生人说话’之前，孩子们从不担心跟陌生人说话。这种教导似乎在童年里大行其道，但那是对生活的曲解。陌生人是奇妙有趣的。而且，在成为朋友之前，每个人都是陌生人。”在孩子的眼中，每个人都可以成为朋友，每个人都是特别的。

在“意志精灵”网站（PurposeFairy.com）上，有一篇题为《孩子可以教给大人的15件事》的文章。博主卢米妮塔·萨维克讨论了孩子充满爱意的双眼的独特之处：“你注意过孩子看着你和你身边每一个人的时候，眼中流露的仰慕吗？那种发亮的目光……他们透过天真美丽的眼睛看每一个人，他们看到的每一个人都是独一无二的，我们所有人正是这样独特。只是因为我们的眼睛被污染了，我们不再像孩子那样可以清楚地看见现实。”

我的两个朋友分享了她们有关爱和孩子的美好故事。第一个故事来自“爱，书信，生活”（Love Letters Live）的播客主持珍妮特·加林：

我两岁的孙女在她的玩偶屋里放了一些微缩老鼠。有的小老鼠放在床上，它们小小的头枕在我们手工制作的枕头上，身上盖着蕾丝床单。其他小老鼠坐在餐桌旁，桌上布置了迷你餐具和顶针大小的冷冻蛋糕、水果。有时候它们会换个房间，但它们总是住在“老鼠小屋”里。有一天，为了让事情更有趣，我将它们从小屋移到地上。

我的孙女进来了。

“发生了什么？”

“我猜它们觉得无聊了，想出门走走。”我告诉她。她眯着眼睛看我，满脸怀疑。

“它们是夜间活动的动物，你知道的。它们在夜里做什么，我睡觉时就管不着了。”

她暂时放下了这件事。

“夜间活动的动物。”每当她对我和小老鼠露出怀疑的神情，我就这么提醒她。

就这样过了几个月，直到她将怀疑说出来了：“是你动了它们，对不对？”

我笑了。

这样又过了几年，我开始将小老鼠和蜥蜴、小鸡混在一起。它们原本住在各自专属的玩偶屋里。

“它们喜欢和其他小动物一起玩。”我告诉她。

“你就是那个动了它们的人，对不对？”她问。

我承认了。但我告诉她，我这么做是因为我知道它们想出门冒险。

“你怎么知道的？”她问。

“我知道它们的感受。”我说。

有一天，她5岁了。

“全都是你动的，对不对？”她希望得到一个严肃的事实回应。

“是的。”我说，我不得不放弃了我们（好吧，只是我）创造的想象生活。我怎么可以和一些没有生命的东西，和一些对我的温暖付出无动于衷的玩具待在一起？“但我只不过是按照它们希望的那样来做。”

“奶奶，”她露出了浅浅的微笑，带着与她年龄不符的温柔的耐心说，“它们只是一些没有感觉的动物玩偶。”

“哎，”我快要生气了，“动物玩偶也有感觉的。”

“不是的，奶奶。它们没有感觉。”

“它们当然有感觉。”

“不是的，你只是把自己的感觉加到它们身上。”

“好吧，我就是这样。但是，如果我将我的感觉加给它们，那它们也就有感觉了，有我给它们的那些感觉。”

她笑了笑，由着我坚持自己的想法，然后忙着给蜥蜴做一个营地。

现在她8岁了。我们还是会谈到“老鼠小屋”、“蜥蜴小屋”和“小鸡小屋”，尽管这些动物已经不再按种类隔开了。它们走来走去互相拜访，就像所有的好邻居那样做。

我是多么的傻，我以为我需要改变一些东西原本的模样。我看到了一种傲慢自大，为了让自己爱其他人或者其他东西，将自己的感受强加到他们或它们身上。事实证明，所有东西本身就是可爱的。

最后一个关于孩子的无条件的爱的故事来自励志演说家多萝西·威廉：

吉娜是我们中年以后才有的孩子，在她父亲退役后才出生。每两年，我们忙碌的大家庭都随着美国军队搬来搬去。在此之前，我和我的先生从未试过两人的居家生活，随军迁移的日子开始后，我们也再没有这样的机会。但是，我们享受过美好的、蜜月般的几个星期。之后我们的第六个孩子、第二个女儿吉娜就到来了。

小女孩这时还没有意识到，43岁的我已经可以当她的祖母，而不是母亲了。等到上幼儿园时，她才发现这件事。有一天，我接到了吉娜老师一个焦急的电话，吉娜很不开心，正在大哭。我连忙赶到学校去看她。

吉娜冲进我的怀里。原来那天上午有一节关于家庭的课，妈妈都被画得像19岁那样可爱、年轻，而奶奶看起来就像——她的妈妈。“啊，妈妈，”她号啕大哭，“你的头发可不可以是棕色的？”我摸了摸自己灰白混杂的头发，对她说：“为什么不可以呢？头发可以是我们喜欢的任何颜色。”她接着说：“那我们可不可以改变一下你的脸呢？”“我们可以改变头发的颜色，”我说，“但是脸的话，我们没有办法”。

那时我意识到一件事，我希望可以向她传递的是，有时候我们不得不承认："好吧，这就是我。这就是上帝创造的我。"几个星期后，我知道吉娜明白了这个道理。那天，一个新老师对她说："哦，真棒，吉娜，今天你的奶奶来了。"

"这会让你烦恼吗？"我问她。她沉默了一下，说："会。但无论如何，我爱你。"

关爱与同情

脸书时不时会重新分享一幅我过去分享过的照片。今天上午是一幅我在六年前发布过的照片，照片上一个五六岁的孩子抱着大象。这幅照片是从后背的角度拍的，大象坐着，而孩子坐在一张高脚凳上拥抱这头巨大的动物。

这是一幅十分亲切温柔的照片，它提醒我们孩子和动物是多么容易亲密相处。每周有好几次，当我在遛狗的时候，大人都会夸奖这是一只美丽的小狗。而孩子会问，可不可以抚摸它。孩子们想亲近这只小动物，而不只是在口头上夸奖。他们希望从身体上和所有生物联结在一起，无论是人类还是其他动物。

我的一位同事分享了他 6 岁时的经历。有一天，他叔叔带他去钓鱼。一开始，他很兴奋。等真的有鱼上钩了，他把鱼拉出水面，看到鱼挣扎着逃离鱼钩，想要活下来。这个场景让他感到不适。他想象着如果鱼钩在他嘴里会是什么感受。他请求他的叔叔将鱼放回水里。直到他看到鱼游走了，才重新放松下来。

孩子也很容易和他人产生联系，融洽相处。或许是因为我的侄子泰勒患有注意缺陷与多动障碍（ADHD）和轻度的图雷特综合征[①]，他总是对别人怀有同情心。他的妈妈说，泰勒可以认出那些也在“困难”中的孩子，就像他所说的，从一英里外认出来！当他上四年级的时候，他的老师为他评价其他孩子的能力感到开心。有一次，他这么向老师描述一次霸凌：“我们应该为他感到难过。我觉得他这么做，是因为他在家没有得到足够的关爱。”又有一次，他告诉老师有一位同学

① 是指频繁的运动性抽动和声带抽动，症状只出现在白天，且持续一年以上，是一种遗传性疾病。

在课上捣乱："我觉得他有注意缺陷障碍（ADD），他需要吃一些药。"

泰勒的妈妈洛里也从他的身上学到了同情和关爱。"他是那个会为受欺负的孩子们挺身而出的孩子。"她说，"他也会走过去安慰另一个正在大哭的孩子。当他看到坐在轮椅上的孩子时，他会问我：'我可以过去跟他打招呼吗？'然后他会向那个只能靠轮椅代步的孩子做自我介绍。因为泰勒有他自己的生活经验，所以他知道那是什么感觉！"

我不知道接下来的故事是真是假，但它无疑诠释了孩子们天性中对他人的关爱。这个故事是关于一个4岁孩子的，他的邻居是一位刚失去妻子的老先生。看到这位老先生在哭泣，小男孩跑到他的院子里，爬上他的膝盖，就坐在那里。当他的妈妈问他对邻居说了什么时，他说："我什么也没说，只是帮他哭。"

我的朋友和同事安·弗莱也给我讲过一个故事。当她生病时，她的儿子也表现出关爱和同情：

> 我记得当时我在得克萨斯州东部有一场演讲，加布里埃尔那时9岁或者10岁。他问我，可不可以跟

我一起开车过去，听我的演讲。

就在出发前一天晚上，我被一只虫子咬了，感觉很不舒服。尽管有一些感冒的症状，但是不能不去参加活动。所以，我们还是开车出发了，一路上他不停地逗我开心。第二天就是演讲的日子，但是在酒店的第一个晚上，我感觉十分难受。然而，我是妈妈，我知道我必须照顾好我的孩子。

他走到外面，四处张望，在街道对面看到了一家药店。他走到药店给我买了一些药和小吃，这样我就不用出门了。他变成了我的守护者，陪着我一边看电视一边哈哈大笑，安慰我说明天就会好了，事情也果然如此。

这样的身份对换已经有好多次了——我年幼的儿子变成了父母，我变成了孩子。他总是直觉敏感地知道怎样能做到最好。

我从他身上和这次经历中学到的是，关系都是互相给予的。父母可以成为接受者，孩子也可以成为付出者。

我的另一个同事是一位精神科医生，他给我讲过他的儿子怎样带他从困境中走出来，告诉他怎样重新微笑。当时，一位歇斯底里的母亲疯狂地给他打电话，请求他帮助她十几岁的儿子，那个少年正处于精神混乱状态，需要立即得到帮助。不幸的是，她的儿子生气地跑出了家门，不知道人在哪里。我的医生朋友很愿意帮助她，但是，他们必须先找到那个少年。

第二天，医生在新闻里读到，这个年轻人已经撞火车自杀了。尽管他是一个精神科医生，比寻常人更多地面对死亡问题，但这件事依然深深地困扰着他。直到他看到 4 岁的儿子穿着自己的运动外套，提着公文包，脖子上挂着听诊器走进厨房，他才感到了一点宽慰。

这个孩子打扮成爸爸的模样，走向躺在厨房地板上的小狗，假装听它的心跳。然后他抬起头看着爸爸，露出笑容，一边将听诊器递给他，一边示意他做相同的事情。最后，父子俩笑了，拥抱在一起。医生说，从此，他意识到，为了在他的这一类工作中存活下来，他必须对自己怀有同情心，在黑暗中寻找光亮。这是他从儿子身上学到的。

不要评判

除非有人教他们，否则，孩子通常不会评判别人。大人却常常从外表、声音、能力、财产，甚至是社会地位这些方面来评判他人。与此相反，孩子们表现出不带偏见的爱。

孩子们天生是热情开放和充满爱心的。“我们的天性倾向于接纳，而不是拒绝。”有三个孩子的马特·瓦伦丁说，“是因为生活的训练，我们才有了那些树立隔阂的错误想法，而事实上，我们从出生就天然地会接纳所有人。”当然，孩子们是“充满好奇心的，他们会问问题，但是不会去评判，直到有人给他们注入一种观念，告诉他们要通过某种特定的方式去评判”。

瓦伦丁在博客里记录了他的孩子们教给他的生活道理。他分享了重要的一点——总是带着爱和同情心来行事。他写道：“当我的一个儿子长大到可以认出和理解某些基本情绪时，我开始注意到，他会投射出我和我妻子的性情。如果我发脾气大吼大叫，就像很多父母时不时一定会出现的模样，那么我的儿子也会用生气来作为回应，哪怕我的怒火不是冲着他的。如果我带着爱和同情心，哪怕一句话也没有说出口，他也同样会用爱和同情心来回应。”

“孩子们只会根据他们从大人那里听到的话、从大人那里观察和学到的东西，以及外界的影响去评判其他孩子。”博主劳拉·耶茨写道，“然而，最初他们只会从第一感觉去判断他们遇到的每一种情况和每一个人。他们不关心外表，也不会挑毛病。他们不会先评估一番，再去决定是否参与到事情中或者跟其他人交流。一切都是自然而然的。虽然让大人完全这么做可能不太现实，但我们依然可以提醒自己，不要贸然评判一个人或者一种境况，这是很重要的。”

在音乐剧《南太平洋》中，理查德·罗杰斯和奥斯卡·哈默斯坦写了一首歌《你要谨慎对待教导》。这首歌是关于学习去讨厌与自己不同的人，关于恐惧和憎恨有着不同肤色的人，学习去憎恨所有被你的亲人所憎恨的人。这首歌很清楚地让我们知道，孩子不是天生就会憎恨的，而是被大人教导而成。

在另一部音乐剧里，斯蒂芬·桑德海姆创作的一首歌警示我们要留意自己说的话，因为“孩子正听着”。他们不仅会听大人说了什么，还会向大人复述这些话。当我女儿很小的时候，我觉得她就像一块海绵，会听进去我说的所有话。我说过的话和做过的事，她常常会重复出来。孩子就是这样的，你给他传授的一切，他都会反馈回来。这就是为什么罗杰斯和哈默斯坦关于教育孩子去憎恨的歌如此充满力量的原因。

一件与此有关的趣事发生在我爱人的母亲和她的孙子们之间。有一天，孩子们在探望她时打起架来了。她的孙子对着姐姐说：“我要杀了你，我要杀了你！”

听到这么令人不高兴的话，尤其是一个 7 岁孩子说出来的，她责备道：“这太不像话了。你从哪里听到这么糟糕的话？”

他回答说：“是你说的，奶奶。”

我的朋友艾米丽·华兹伯格有两个孩子，她说：“我们应该教育孩子讨厌憎恨。”她告诉我，她的儿子大卫教会她，孩子是不会互相歧视的。他们热情地接受各种孩子——黑人，亚洲人，西班牙人，等等。对他们来说，肤色、种族和宗教信仰都不重要。孩子就是孩子——就是他们的玩伴，如此简单。

有一天，艾米丽和她的丈夫肯正在想怎么让他们的儿子度过美好的暑假，因为他们没有足够的钱送他去参加常规的露营。最后，他们找到一个免费的日营同意接收大卫。第一天当肯去接大卫时，大卫对他爸爸说："爸爸，你知道这是一个黑人的夏令营吗？"肯于是问他的儿子："你觉得这怎么样？"6岁的大卫回答说："没什么，我只是注意到了。"肯接着问他："你今天过得怎样？明天还想再来吗？""想，我今天过得很开心。"大卫回答说。

大卫在这个日营度过了七个暑假，他甚至成了初级辅导员。因为在"黑人"夏令营里的经历，大卫的父母在他身上学到了怎样认识各种新朋友，向他们学习，和他们一起成长。

我的朋友帕蒂·塞尔温也从她3岁的儿子丹尼尔身上学会了怎样透过别人的眼睛来看世界。当他们排队去看一场篮球赛时，在队伍里碰到了一个侏儒，丹尼尔问她那位身材矮小的女士是怎么一回事。塞尔温解释完什么是侏儒后，丹尼尔变得很安静，然后他说："妈妈，我在想在这个小小的身体里感觉会是怎样的？”

“显然，我的小儿子在脑海里想象了一番，一个大人要生活在这么小的身体里是什么感受。”塞尔温说。她回忆道：“如果所有大人都有这样的共情力——去想想别人的感受，别人的才能和缺失，别人的幸与不幸——人与人相处时会多多少同理心啊。”

拥抱

很多年前，心理治疗师维吉尼亚·萨提亚相信，每人每天需要 4 次拥抱才能存活下去，需要 8 次拥抱才能维持健康，需要 12 次拥抱才能继续成长。今天，科学证明了萨提亚关于人类身体接触的重要性的理论，以及孩子们生来就明白的道理——接触和拥抱对人类是有益的。例如，那些触摸病人的医生被认为是更有同情心、更体贴的，此外，他们病人的治疗效果也会更好。另一个关于运动的研究表明，有击掌、撞胸这一类庆祝动作的篮球队更有合作精神，常常赢得更多比赛。

还有一个研究是关注触摸婴儿的。令人惊讶的是，研究人员发现，那些连续三个星期给宝宝按摩的大人比一个星期接受三次按摩的大人压力激素更低，社会互动性更高，也更少生病。

研究也表明，长期缺乏抚摸会导致新生儿发育迟缓和免疫力低下，而且，他们在成人阶段患心脏病、肥胖和糖尿病的概率也会更高。

所以，为了身心健康，就像一个广告建议的那样，“伸出手去，打动别人”是很重要的。这也是孩子做得很好的地方。例如，这是与圣诞老人长得很像的埃迪·泰勒和一个孩子之间发生的故事：

> 当我出门走动时，我常常希望有人可以帮我录影。昨天下午，我在海边散了散步。当我在长凳上休息时，一个大概3岁的小女孩踩着滑板车向我滑过来（她的父亲紧跟在后面）。她将手放在我手上说：“嗨。”我微笑着说：“嗨。”我问她关于滑板车的事，夸她的米妮老鼠头盔很可爱，还夸她滑得很好。在这个过程中，她就那样微笑地看着我。过了几分钟，她露出一个超大的笑容，对我说：“再见，圣诞老人。”然后她又踩着滑板车离开了。当她爸爸经过我时，他

说："谢谢你，你真体贴。"

我知道这又是一个适合说"我想你一定要在那里才会明白"[1]的故事……我希望当时你们也在场……而我感到很高兴，我就在那里。

当然，泰勒的外表可能是促使孩子靠近他的一个原因，我也有一个相似的经历，但我跟圣诞老人长得一点都不像。

在我参与发言的一个会议上，午餐时我在餐厅遇到了一个大概5岁的小女孩。不知道什么原因，她很喜欢我，我们隔着餐桌互相逗对方玩，咯咯地笑。那天晚些时候，当她看到我在路上向她走去时，她以最快的速度跑过来，双手抱着我，脸埋在我的裤子里。女孩的妈妈和我都露出了尴尬的表情，但是后来我们都笑了。我们一起讨论，如果大人都带着相似的热情来互相问候，世界会变成怎样。

乔舒亚·贝克的女儿也教会了他人与人的触碰和它所拥有的力量。这位"成为极简主义者"（Becoming Minimalist）博客的创办者说："我的女儿常常跌倒（就像

① "I guess you had to be there"是一首歌的歌名。

很多4岁的孩子那样）。当她擦破了膝盖时，她唯一想要的就是她妈妈扶起她，给她一个亲吻，告诉她一切都会好的。她不会要求买一个新玩具……她唯一想要的是爱和安全感。她找到了疼痛的解药，但不会用别的东西来交易。”贝克学会的生活道理是：“不要想着用物质来抚平我们在生活中遇到的痛苦。相反，要寻找爱、认同感和安全感。”

亲近

一个孩子提醒他的父亲，和所有人建立联结或许是最重要的事。我觉得这句话最适合用来结束关于孩子眼中的关怀、爱和善良的这一章。我最初是在大卫·罗森曼发布的文章里看到这句话的，文章题目是“爸爸，我们可以就这样待在一起吗？”

亲爱的人类朋友：

今天早上，在我9岁的女儿的请求下，我带她到了一家咖啡店。她带上了她的钩针编织，我带着报纸、笔记本、钢笔和我的手机。接下来似乎跟我们以前出门的时候没什么两样：我们坐在同一张桌子上，但各做各的事——她忙她的一些事，我忙着回复邮件、安排一周的工作、完成工作等。听起来是不是很熟悉？今天，她说出了另一个请求："爸爸，今天你可不可以不要读报纸，不要写写画画或者查邮件？我们可以就这样待在一起吗？"

不是我故意制造戏剧性，这就是她说的。所以，今天，我们就那样待在一起。她给我看她的编织作品。我回忆起她出生的那天。我们互相猜测其他桌子的客人是不是在约会……她跟我说她的朋友和他们的仓鼠。我看着她嚼早餐三明治。当我想到自己是多么爱她的时候，我的心都变柔软了。我希望早点给予她想要和需要的关爱，而不是等到她有不好的感受、鼓起勇气跟我说出来的这个时候。

在我们离开咖啡店前，我到前台给她哥哥点了一份外带的小吃。当我回到我们的桌子时，我的座位前面有一张反扣着的纸条。我的女儿告诉我，有一位女士在离开咖啡店前问她我是不是她的爸爸，还说那个纸条是留给我的。我环顾四周（人已经走了），然后翻开纸条，上面写着这段话：

我在一所学校工作，那里很多女孩没有父亲。而那些有父亲的女孩，在生活中从未得到过父亲的关注和倾听。她们的父亲也没有像你这样，在一个星期天上午全神贯注地陪在女儿身边。对于那些从现在到毕业，一直负责教导你女儿的老师，你不知道自己是一份多么棒的礼物。

请不要像我这样，等着孩子或者其他我们所爱的人来请求我们付出关爱了——他们或许不会说出来。另外，没有人会给你留纸条——这样美好的事在世上实在太罕见了。我邀请你和我一起来分享如此幸福的经历：今天陪在爱人身边——哪怕只是一会儿。如果你在某个地方看到这样的情景，考虑留下一张纸条——这一定让人记忆深刻。

——大卫

- 透过孩子的眼睛看世界 -

一个主日学校的老师正在和她五六岁的学生讨论十诫。当解释完“当孝敬父母”的戒律后，她问：“有没有哪条戒律是教我们怎样对待我们的兄弟姐妹的？”一个小男孩毫不犹豫地回答说：“不可杀人。”[1]

——佚名

– 做回孩子 –

我在这一章前面部分写到的乔丹·勒朱万进行了为期七天的爱的实验。实验的第一部分以通常称为“爱/善的冥想”活动开始。下面这篇文字，你可以请别人慢慢读给你听，如果你愿意，也可以将它录下来，再回放给自己听。如果这对你不起作用，你可以睁着眼睛，轻声地将这篇冥想文字读给自己听：

闭上你的眼睛（如果可以）。

想想你喜欢拥抱的那些人，因为这给你注入强烈的快乐。想象此刻你正在拥抱他们，感受那种快乐。保持这种感觉几分钟，让这股暖流流遍你身体的每个

① 摩西十诫中，第五诫是“当孝敬父母”，紧接其后的第六诫是“不可杀人”。

部分。现在，让这种感觉从你身上发散出来，就像你在发光一样。拥抱这种状态一会儿，做好准备，如果你的眼睛是合上的，慢慢睁开眼睛。

这种感觉不是很好吗？

然后，勒朱万建议做其他两件事情来完成这个实验过程：

首先，问问你自己："怎样去爱？"在你醒着的时候，尽可能经常地问自己是否正在爱——我的意思是，你的思想、言语和动作是否纯粹地被爱填满。这并不意味着你需要不停地说着和想着那些温柔的、情意绵绵的东西……只是尽可能经常地看看，自己的思想是不是反映出爱，而不是恐惧、生气、嫉妒、不满，等等。

其次，将爱流露出来。每当你感到舒适时，在脑海中向人们表达赞美和快乐的祝福。当然，你也可以大声说出来，但是大部分人都不习惯突如其来的善意，所以你可能会显得有点奇怪。哪怕就是"祝你度过美好的一天"这么简单的祝愿也可以。举例而言，今天，我看到一个吸烟的男人……我默默地想：“衷心希望你比任何时候都更享受这一支烟。”

“我预测，”勒朱万说，“通过这三个练习，这周你会比前段时间感觉更好。我觉得事情对你来说都会变得前所未有的简单轻松。实际上，我觉得你可能会拥有人生中最好的几个星期”。

秘诀12

做一个午睡主义者：你值得休息一下

中午以前，我都不太清醒，然后又到午睡时间了。

——奥利弗·温德尔·霍姆斯，内科医生，诗人

还记得课间休息吗？在小学，我们都有课间休息。在幼儿园有午睡时间。孩子们都需要休息时间来恢复能量。大人却忘了午睡可以让人多么精神焕发。或许正是因为有这种可以恢复活力的作用，很多名人都会午睡。

达·芬奇午睡，勃拉姆斯午睡，拿破仑午睡。

他们都是午睡主义者。

托马斯·爱迪生也午睡。实际上，《时代周刊》曾经报道过："当福特汽车公司的档案在 1951 年公开时，研究者发现了很多亨利·福特和他的好友爱迪生在实验室、会议或者户外的照片。在一些照片中，福特看起来都是聚精会神和警觉的，但爱迪生是睡着了的——在长凳上，在椅子里，在草地上。爱迪生的秘密武器是打盹，并且他将休息变成了一种艺术。据他的一位朋友回忆：'爱迪生睡觉的天赋可以与他发明创造的天赋相媲美。他在任何地方、任何时间、任何东西上都可以睡着。'"

其他著名的午睡主义者包括罗纳德·里根，比尔·克林顿和J. K. 肯尼迪等世界领袖。温斯顿·丘吉尔主张："你一定要在午饭和晚饭之间睡一觉，没有其他折中办法。脱下衣服，上床睡觉。这就是我一直在做的。不要以为你在白天睡觉了，所以做的事情就少了。这是缺乏想象的人才有的愚蠢想法。你可以完成更多的工作。你在一天里拥有了两天的时间——好吧，最起码是一天半。"

午睡时间

尊敬的肯·戴格尔是旧金山市联合会的牧师，最近他收养了一个6个月大的女孩。他经常带着她来参加周日礼拜。我总是对她感到惊讶，她有时欢乐、高兴、精力充沛，有时在下一刻，短短几秒钟她就熟睡过去了。然后，一旦小睡结束，她又彻底醒过来，像以前那样活泼。

孩子们似乎可以随心所欲、随时随地小睡一会儿。大人，尤其是在美国，常常觉得“打盹”是个不好的字眼。在全世界的其他地方，打盹是生活习惯的一部分。我记得有一年夏天我去欧洲旅行，那时，我还不知道当地的午睡传统。我带着兴奋的期待离开酒店房间，想要去购物和探索这座城市，结果却发现大部分商店都关门了。

享用完丰盛的午餐后小睡一会儿，躲过一天中最热的时候，这样是完全合理的。但是因为一些原因，北美人对此并不认同。我们不在白天小睡，或许是因为担心世界与我们擦肩而过，担心道琼斯平均指数会下跌，或者担心我们的客人会跑到竞争对手那里。此外，大部分公司都不会将午睡看作一种可以恢复精神、提高生产力的休息，或者是一种可以重新激发创造力的方式。相反，他们将午睡归为非生产性的偷懒时间。

或许是时候换个角度，从商业和个人的立场反思我们没有午睡的生活常规了。并且，当然，孩子的午睡时间就足以提醒我们这一点了。

通常，当大人面对一个问题不知所措时，孩子可以感觉到需要怎样来解决。例如，我前面提过的芭芭拉·盖茨写过和女儿一起午睡的故事：第二天，匆忙而紧张地探望完外省的亲戚后，我躺在凯特琳身旁陪她午睡。我感觉到她小小的温暖的灵魂正融入我跳动的心脏。当我放松地沉浸在这种接触的美好时，这一天所有令人烦躁的忙碌在我心里涌出。一滴眼泪滑落我的脸颊，打湿了凯特琳的手臂。她突然坐起来，用小小的手在我的下巴合成杯子的形状。“妈妈，你为什么伤心？”她问我。我不知道怎么回答。最后，我说：“我感觉有太多事要做了，我不能全部完成，而做了的那些又弄得一团糟。”“哦，”她说，然后她停下话来，重新偎依在我身旁，“午睡起来后我们会感觉好一点。”

小凯特琳是对的。我们很多人都体验过，午睡可以抚慰我们的心灵和我们的忧虑。就像喜剧演员卡丽·斯诺提醒我们的：“没有哪天是糟糕到午睡不可以解决的。”

不睡午觉是不自然的

一些睡眠习惯的研究者已经指出了，一天里不睡午觉可能是不自然的。我们的远古先祖在上午狩猎，然后下午会在一个树荫处午睡。

睡午觉是我们生物节律的一部分。没有午睡的话，我们的精神常常会陷入低潮。我不知道你的情况如何，但我常常有这种感觉。在很多时候，下午 3 点左右我就会感到精神不振。这是一个明显的信号，告诉我需要停一停手上的事情。这就是为什么这个时间点我会去遛狗。在这个过程中，狗出门散步了，我也得到了休息。回家后，我会小睡一会儿。这样稍作休息可以让我放松身体，改善心情，使我头脑清醒。

如果你认为午睡只属于那些悠闲的人或者孩子，这样的想法在当下是不对的。有些企业，尽管不是很多，发现短暂的午休可以改善盈利情况。《赫芬顿邮报》是支持在工作时间睡觉的公司之一，在它的纽约办公室里有两个专门的午休房间。在某种程度上，这是公司创始人阿里安娜·赫芬顿的一次经历而带来的制度。有一天晚上，她在办公桌上晕倒了，当她精疲力竭地跌倒在地时，身上受了伤。

其他支持午睡的公司包括共享出行公司优步、本和杰瑞冰激凌、科技巨头谷歌。另外，有点出乎意料的是，普华永道也支持午睡，这家会计师事务所大概以监督奥斯卡奖计票过程最为人知。

因此可以看到，有些公司正在向孩子们学习，意识到了午睡的重要性。让我们期待它们会掀起一股新浪潮。或许未来我们甚至会看到这样的企业口号：“我们的员工有更多的睡眠时间。”

暂停

我的同事玛丽亚·伯顿·纳尔逊是一位前职业篮球运动员，她在体育运动和如何取得成功上有广泛的写作经验。在下面这篇博客文章里，她作为“教练”，教导我们休息时间和成功之间的关系。

当你是一个孩子时，会有教练喊“暂停”——这给运动员休息、思考、计划战术的机会。作为成年人，我们不得不成为自己的教练，自己去决定什么时候需要几分钟——或者几个星期——来休息、思考和计划。

这里有一个方法可以将“暂停”融入我们的日常生活：选择一个时间作为“工作日结束”的标志，然后就此停止工作。从这个时间开始，不要再读邮件或者回复工作电话。

离开办公室。放下手机。聚焦在那些恢复和更新能量的活动上，这样，第二天早上你会感觉更好，做事更有效率。

我知道你很忙。你对团队成功极为重要。你在一周七天全天候无休的“比赛”里感到压力巨大。当我向有职业工作的读者观众推荐“日常暂停法”时，我发现人们变得一动不动，就像遇到让我们感到害怕或者高深的东西时的反应一样。然后有人会难以置信地问：“你的意思是，直到第二天之前，我们甚至都不可以拿起手机来看短信？”

除非你是一位值守的医生，不然，我的回答是："是的。"

这只是一个建议，一个有待达到的目标。你的教练充满创意和关怀——如果你有教练的话，每天他会找到更多其他时间来吹哨，把你叫到场下，给你呼吸、拉伸、放松的空间。你会喜欢这个比赛中的休息时间。你会坐下，放松，找到一个新视角。你甚至可能会说："谢谢你，教练。我需要休息。"

放慢脚步

在一篇网络文章《放慢脚步的艺术：向我们的孩子学习》中，作者贝弗利·柯克兰写道：

有一天，当我看到我的孩子从长满草的小山坡上滚下来时，我完全忘记了时间的紧张感和需要去做别的事，我只希望自己也可以体验一点这样的快乐。

在各种任务、日程和责任之间，我似乎已经忘了怎样真正地放慢脚步，享受时光。忙碌奔波已经成为我日常生活中的一部分，给我的生活带来了压力。它就像一阵阵感冒，是一种我无法摆脱的停不下来的感觉。这种无休止的匆忙就像我需要去做什么，而每一天都没有足够的时间让我去完成这一切。

我们喜欢跟孩子讲述我们成长时经历的日子，那时候的技术比现在少，而自由的时间更多。在那些缓慢的日子里，我们可以集中精神在一件事上，不会被手机、电脑或者平板电脑分散注意力。然而，在当下的世界，我们却要费劲地回到那些孩子们天生会做的事上……

研究表明，同时执行多个任务比一次执行一个任务的生产力低下。一次只做一件事，并且好好地完成，这是效率更高的，也让我们更加集中精神。我们的孩子不知不觉中正在做的就是聚精会神地做事。

所以，作为家长或者大人，我们可以从中学到什么？或许一个关键的收获就是，有时候我们需要安排一些休息时间。从实际和比喻的意义上，允许自己充分断电、充分休息。每一天中的某段时间，保证自己不用去思考工作义务、责任或者其他任何东西，纯粹地活在当下。

把这件事情放在首位，这样你可以感受当下的时光，向你周围的事物敞开身心。你也可以每天花一点短暂的休息时间来静坐和沉思，或者就单纯地在那儿休息。

我们的孩子不断地教我们新事物。他们依然有能力去体验、欣赏和慢慢地生活。他们全身心地投入当下引起他们注意的事物中。我想重新掌握这种能力，享受缓慢的、更轻松的日子。

在“三只螃蟹”博客上，另一位母亲，来自阿拉斯加州首府朱诺的埃里卡·巴克分享了她家在偏远地区的冒险经历。在这里，她谈到了从儿子身上学到的许多道理：

我学到了放慢脚步，不给每天排满日程。我是一个实干派。过去我常常给自己列一长串的崇高目标，直到每一项都打钩完成才会去睡觉。有了孩子后就不能这么做了。在最初的几个星期，我很快发现了，在照料孩子、换尿片之外完成任何事情都是一种壮举。随着孩子长大，我发现出门要花两倍的时间。当我以为我们准备好可以出发了，他要去便便。

我发现，便便训练会要了我的命。有一天，我儿子看着我，手放在屁股上，说：“我不要在便盆里便便，我要在我的垃圾车上便便。”然后，他就脱下裤子和尿片，按他说的那样做了。啊！今天他是在便盆里便便了，所以我们或许是在进步中。姑且让我们这么期待吧。

现在我的儿子是个蹒跚学步的孩子了，每一天我们俩都在学习新事物。过去，我以为厨房地板需要一星期拖几次，不然就会很糟糕。现在我明白了，在喷壶里放点来苏儿清洁剂来清理局部污渍也是可以的。

最近我还发现了，我的儿子并不在乎车里的金鱼牌饼干是不是掉在地上超过 3 秒了，他只想吃掉它们。我和这一类事情做斗争，我也正在学习对这些事放手。

我还在学习每一只忍者神龟的名字以及关于蝙蝠侠的知识。

我明白了，我们可以做的一件最重要的事是教育一个人怎么对待别人。关于不应该怎么跟别人说话，以及不应该怎样无礼地对待别人，我和儿子讨论了很多。他正在学习做一个善良友好的人是什么意思，而我明白了，因为如今有很多人不再以礼待人，教育孩子要有礼貌是很难的。

肯·戴格尔谈到了育儿的过程让他学会了放慢脚步、顺其自然：“当我写下这些文字时，我正被困在家中。今天早上 JD 开车上班了，而罗玛的儿童安全座椅在他的车里。所有现代父母都知道，孩子必须坐在儿童安全座椅里，才能开车带他们出门。所以，我今天的计划要重新安排了。我将罗玛放到她的跳跳椅里，然后开始查收早上的邮件和短信。她很喜欢跳跳椅这个新奇玩意儿，非常开心地玩着椅子上附带的玩具，上上下下地跳来跳去，只要她能看到我就可以了。”戴格尔补充说：“育儿的过程教会我更加灵活地处理问题，每天不要安排过多事情，但更重要的是，罗玛教会了我重新享受跳跃和欢笑，去创造属于自己的乐趣和冒险。当生活没有给予你想要或者你需要的东西，那就跳一跳，笑一笑，做做游戏，当时间到了，就哇哇大哭。毕竟这是你自己的派对！”

- 透过孩子的眼睛看世界 -

一个孩子在晚祷结束时说：“主啊，求你将芝加哥变成伊利诺伊州的首府。”

他的妈妈听到后问他：“你到底为什么希望伊利诺伊州的首府是芝加哥？”

孩子回答说：“因为我在试卷上是这么答的。”

——罗恩·登廷格《故障时间》

- 做回孩子 -

好吧，合上书，打个盹（当然，如果你是在开车路上听有声书，那就忽略这个建议吧。等你到了目的地，可以躺下来的时候，就小睡一会儿吧）。

秘诀13

做一个乐观主义者：一切皆有可能

> 回想一下，当你还是个孩子的时候，这个世界是一个闪闪发光、充满无限可能的地方。目光所及之处，你都可以找到新鲜不同的事物。就你所知，你可以做任何事情，因为没有人告诉你什么是不可能的。你可以飞翔，可以穿墙而过。你和你那些看不到的朋友可以触摸天空。
>
> ——道格·霍尔《跳出思维定式》

一般而言，我不会期待在占星术专栏找到强有力的诠释孩子无限思维的故事。然而，很多年前，我读过一篇罗伯布·雷兹尼为金牛座的人写的星象运势。他写道："最近举行了'带女儿来上班日'。我带了5岁的金牛座小精灵佐伊到我的指挥中心。'长大后你想像爸爸一样给人们写故事吗？'我一边向她展示我的文字王国，一边问她。'不想，这太无聊了。'她说。'那么，告诉爸爸你想做什么呢？'我继续追问。'开推土机的舞蹈家小丑医生。'"

在孩子眼中，一切皆有可能。

"是的，而且……"思维

"当我们是小孩子时，"《沙箱教我们的事》的作者艾伦·葛雷格曼说，"我们对'不可能'这个词毫无概念。随着我们想象力的发展，我们甚至可以想象出远超大人理解范畴的事物。我们想象遥远土地上的世界，或者我们脚底下的世界……我们想象自己骑着美丽的马或者爬上最雄伟的金字塔尖。我们好奇像小鸟一样飞翔、像蝴蝶一样高贵，或者跑得像风一样快是什么感觉。在我们心中，我们可以不受限制地做任何事情。"

即兴创作就像那种“一切皆有可能”的思维。多年前，为了锻炼这种思维，我参加了一个即兴创作课程。我希望在主题演讲和工作坊出现意外状况时，我可以更加灵活地应对。在回应观众出乎意料的发言或当发生小事故时，灵活性有着极大的作用。例如，有一次，当我正在做报告时，火警警报突然响了。我们后来发现这是一次错误警报，但是当时为了安全着想，我们撤出了报告厅。当我们返回后，我用这个即兴的句子重新开始关于幽默治疗的演讲：“看，幽默是一个火热的话题。”

即兴创作的一个原则是利用任何别人给你的东西，无论另一个演员说什么或者做什么，你都要顺着接下去。你不要试图改变或修改前进的方向。你说是的，我接受任何预设前提，并且在此基础上继续下去。

孩子们是掌握了“是的，而且……”这种思维方式的大师。他们接受任何给予他们的东西，并且带着它们前进。我希望我可以经常这样做。有一天，我发现自己在“是的，但是……”这种思维当中。那天，有人跟我说一种新型飞机的发展，它可以在 45 分钟内搭载乘客从美国飞到欧洲。由于在大气层上方飞行，所以这架飞机的乘客会失重。我马上开始质疑这种技术的可能性。相反，孩子们可能会想象在这样的飞机上失重是什么感觉。孩子们不会去想“但是”。

大人常常去想一些他们希望发生的事，然后又找借口去说那为什么不可能发生。他们用“是的，但是……”这种说法来自我设限。相反，孩子们接受所有的可能性，他们会说“是的，而且……”：“是的，我可以成为一个舞蹈家……而且我可以做一个小丑……我还可以做一名医生……我甚至可以开推土机。”任何事在大人眼中也可以是可能发生，只要他们停止将各种各样的限制加在自己身上。

这里有一个提示：如果你身高 5 尺 3 寸，年龄 79 岁，体重 255 磅，你想成为像迈克尔·乔丹一样技术纯熟的篮球运动员，你可能很难达成这个目标。

换言之，当我说一切皆有可能的时候，我是指在合理范畴内。例如，在接下来这个故事中，小女孩显然不可能变成她想要的模样，但这个故事确实诠释了在孩子心目中没什么是不可能的。

有一天，一位女士 5 岁的女儿告诉她，长大后她想当一名护士。

“护士！”我说，“听着，亲爱的，你是女性并不代表你必须当护士。女性也可以成为律师、外科医生、公司总裁，甚至是美国总统。你可以成为任何自己想要的样子！”

她一脸疑惑地看着我，“真的是任何样子吗？”然后她想了一会儿——可能回想了我们最近去了动物园，回答说：“好吧，我想成为骆驼。”

另一个关于孩子的“是的，而且……”思维的例子来自一位长期单身的母亲，她决定再婚。这位母亲跟儿子分享了她的计划，告诉他，婚礼之后她的名字会改变。她向儿子解释，如果他想的话，他也可以改变他的名字。仔细考虑后，男孩回答说，他想将名字改成克拉克·肯特[①]。

超越你的掌控范围

当你问幼儿园孩子他们会不会画画，几乎所有人都

① 克拉克·肯特，扮演超人的演员。

会举起手。问大人同样的问题时，你会看到只有少数的人认为他们会。然而，大人都是会画画的。那可能不是伟大的艺术，但是我们所有人都会画画、唱歌和跳舞。

当我母亲住在一所独立养老院时，每个星期六晚上都有现场音乐会。房间里的大约75个人中，只有我的母亲会站起来和她的助行器一起跳舞，她称它为“弗雷德·阿斯泰尔”①。那算不上真正的跳舞，她只是在她的椅子周围前前后后地拖着脚走，但是其他人都很羡慕她，说她是一个曼妙的舞蹈家。然而，他们从来不会加入其中。

之所以大人认为他们不能做某些事情，部分原因在于他们太过安于现状了，不再追求那些他们认为在自己触碰范围之外的事物。在老音乐剧中，年轻人都不会回答“不”。就像电影《小顽童》演的一样，当大人在某种情景下放弃了之后，少年们随后跟上，用他们的行动拯救这一天。最初他们并不知道到底应该怎么做，但是，带着无拘无束的热情、能量，和拒绝袖手旁观、任由事态发展的态度，他们最终筹到足够的钱，扭转看似不可避免的事情。

---

① 弗雷德·阿斯泰尔，一位美国电影明星。

孩子们总是试图比自己所知所能的做得更多。在某种程度上，这就是他们成长的方式。例如，南卡罗来纳州前州长卡罗尔·坎贝尔曾经建议用下面这个方法来证明孩子的无限可能：“将一组孩子带进房间，房间里挂着一些刚好在他们触碰范围之外的电灯。然后看看会发生什么：一个孩子跳起来触摸这些电灯，转眼间，房间里每个孩子都会像迈克尔·乔丹那样跳起来。触摸一些在他们平时接触范围之外的东西，这样的挑战激发他们去测试自己的能力。”

该轮到你去追求在自己平常掌控范围之外的东西了吧？

回到将来

畅销求职书《你的降落伞是什么颜色的？》的作者理查德·罗尔斯建议，如果我们想找到一份让自己感到兴奋的工作，我们需要回头看看童年。他指出，不仅可以在游戏中找到线索，在白日梦中也可以。

他通过安妮的真实故事来表达这个观点。安妮是盲人，她想当音乐家，后来成了一名小商人。但是这样过了 20 年后，她意识到这两种生活都不能真正实现她的个人抱负。安妮的心理咨询师鼓励她说一说六年级时她在做什么。原来那时候她最喜欢的技能是收集数据。由于看不见，安妮从很小的时候就开始学习这门技能，她可以从一组映射数据（识别出不同信息之间的关联）中“看”出对应关系。因此，从她的童年记忆中，安妮找到了生活激情所在，她发挥这种激情，成了遗传学家。

7 岁那年，父母带我去看了第一场百老汇演出。从那天起，我就被舞台上的东西吸引，希望成为一位布景设计师。我并不明白成为一位布景设计师意味着什么，但我深深地明白，当我长大了，我想创造那些美丽的舞台画面。第一次观看剧场演出的经历使我成了一位布景设计师。虽然我的故事和安妮的不是一模一样，但童年时代的一次重要经历将我引向了第一份工作，在这方面，二者确实是相似的。

我也才意识到，我的写作生涯的动力可能来自六年级时创作和发表在校报上的一首诗，以及另一首也是由我创作的、在一次集会上朗诵过的纪念校长的赞美诗。

爱尔兰舞蹈家、《大河之舞》和《王者之舞》等演出的创作者迈克尔·弗莱利清楚地谈到过童年时代梦想的重要性，以及童年梦想对他实现今天的成就的重大影响。当他 6 岁时，他常常盯着窗外做白日梦，这给他惹了不少麻烦。

现在，弗莱利鼓励大家做白日梦。他说，小时候给他带来麻烦的那些幻想，正是他现在做的广受欢迎和大获成功的事情。

努力实现远大梦想

阿多拉·斯维塔克是一位 7 岁神童，她创作诗歌、短篇小说，发表各种关于世界的观点。在她的 TED 演讲中，斯维塔克表示，这个世界需要孩子式的思维。她富有激情地说，大人需要倾听孩子，因为他们有大胆的想法，富有创造力，而且总是积极乐观。大人将束缚加在自己身上，而孩子的梦想有着无限可能。她告诉大人，首先你们需要想象自己想创造的东西，然后才能梦想成真。她还说，孩子们的勇敢大胆不断地突破可能性的界限。

当我是电视节目《袋鼠船长》的布景设计师时，每年万圣节，《袋鼠船长》都会主持“梅西感恩节大游行”。

我会为这个活动设计特别布景。另外，万圣节当天早上6点我就必须到工作室指挥布置工作。

时间快进到许多年后：我住在旧金山市，在电视上看着节日游行。我想起了过去那些年的情景，当大多数人还在睡觉，和家人一起享受感恩节假期时，我一大早就必须去工作。就在这个时候，我想："有一天，我也很想走在游行队伍中，或许这样可以补偿我牺牲假期去工作的那些年。"问题是，我早已跟那些可能帮助我实现梦想，或者知道怎样可以参加节日游行的人失去联系了。

因为我相信"六度分隔理论"（我们与那些可以帮助我们实现目标的人，只隔了六个人的距离），我问了我认识的每一个人，他们是否认识一些与节日游行有关系的人。但是，没有人认识。所以我又问了脸书上成千上万的"朋友"。猜猜发生了什么？住在国家另一边的一个"朋友"说她不太清楚该去联系谁，但是她会找到那个人。最后她果然找到了，我接着联系对方，第二年，我就走在"梅西感恩节大游行"的队伍里了。

我跟你们说这个故事是因为，就像一个孩子，我也有梦想，我也有真的很想去做的事。同样，就像一个孩子，我也不知道该怎样去实现。我只是将我的请求告诉全世界。孩子们总是这么做，他们说出一些请求，但是他们不知道能否或者什么时候才能得到这些东西。但无论如何，他们说出来了。我从他们身上学到的就是，如果你不说出自己想要的东西，很可能你就会得不到它们。

我很高兴，自己说出了想参加“梅西感恩节大游行”的愿望。是的，在我们分队开始加入游行前，我们在寒冷中等待了很久，但是一旦加入其中，那种体验是无与伦比的。跟游行队伍附近兴奋地挥着手、上蹿下跳的孩子击掌，祝愿微笑着的老人“感恩节快乐”，都是奇妙至极的。这是我人生中的高光时刻之一。然而，这一切都开始于我遗愿清单上的一个梦想。

寻找一线希望

有一个关于孩子的极端乐观主义的经典故事被许多人（以不同版本）讲述过。这个故事是关于一个小男孩的，他在圣诞节早上醒来，惊讶地发现圣诞树下没有礼物，而是有一堆马粪。尽管如此，他也没有感到灰心。他惊呼道：“有马粪的话，说明附近一定有一只小马！”他说这话时，他的父母发现他在热情地铲马粪。

由于大人常常陷入负面思维，在身边放一些刺激物，可以帮助他们找到那只小马，提醒他们学习孩子式的乐观主义。我的一位前同事曾经告诉我，她是怎样提升乐观精神的。她在房子前面挂了一篮篮的粉色秋海棠。这些植物让她想起刚工作的时候，每当成功地参加一场研讨会，她都会去买一棵秋海棠。之后，当她哪天感到情绪低落，回家时她就会数一数自己成功的次数，这样她的乐观精神又振作起来了。

艾米丽·华兹伯格的女儿也教了她许多关于希望和乐观精神的事情。2011 年 5 月 11 日，华兹伯格被诊断为乳腺癌。她和她的丈夫决定，要将诊断结果同时告诉他们的儿子和女儿，一家人来共同面对问题。知道这件事后，华兹伯格的儿子大卫有点哽咽了，而她的女儿，当时 11 岁的卡丽看着前方，没有太多情绪。然后，她微笑着说："妈妈，你知道的，奶奶有乳腺癌，柏妮斯阿姨和露蒂阿姨也有乳腺癌。她们现在都很好，你也会好的。"华兹伯格哭了。最后他们一家人拥抱在一起。

当我问华兹伯格，她怎么运用从女儿那里学到的这一课，她回答说："当日子充满压力和伤心难过时，我会记得，总有一线希望，事情都会好起来的。即使在看起来艰难的时刻，乐观精神也使我不断向前走。”

– 透过孩子的眼睛看世界 –

一个幼儿园老师在教室里观察着画画的孩子们。偶尔她会转一转，看看每个孩子的作品。当她走到一个正在勤奋地画着画的小女孩身旁时，她问她正在画什么。小女孩回答说：“我在画上帝。”

那位老师停下来，说：“但是没有人知道上帝是什么样子的。”

小女孩头也没抬，毫不犹豫地回答道：“很快他们就知道了。”

——佚名

– 做回孩子 –

我的一个好朋友好几次告诉我，我过着富有魅力的生活。我觉得她这么说是因为我在生活中擅于说出和实现自己想要的东西。在这方面，我不认为自己做得比别人好，但是，当我审视为什么那些事情可以实现时，我意识到是我的一些举动促使它们成真。如果当中有一些方法可以帮助你创造属于你自己的魅力生活，欢迎你随意使用。

我认为世界是不受限制的，所以我关注它蓬勃的一面，而非那些匮乏的东西。

我会将自己想要的结果写下来。

我会在心中清晰地规划自己想实现的目标。

我会跟别人分享这些想法，并且会请求他们帮助我一起实现。

我会运用积极的肯定和想象来支持我的目标。

我会轻松优雅地看着目标实现。

我对生活中的一切以及即将到来的一切心怀感恩。

最后，我不让任何人否定我的想法。他们认为不能做到的事情，并不意味着我不能做到。

你是否正限制着你生活中的某些方面？是否可以将你对这些事情的态度从“是的，但是……”改变为“是的，而且……”呢？

秘诀14

做一个会玩的人：只工作，不玩耍，聪明的孩子也变傻

人们不会因为长大而不玩耍，但他们会因为不玩耍而变老。

——奥利弗·温德尔·霍姆斯，内科医生，诗人

当我写下这些文字时，超级碗比赛刚刚结束。我可以告诉你哪支队伍赢了，但这真的不重要。每年都发生同样的事情——一支队伍赢了，其他队伍输了。

当我在电视上看着赛后的庆祝活动时，让我印象深

刻的是输了的队伍中一位运动员坐在长凳上哭泣。他正在为输了比赛而失望，但是，就像赢了的队伍的运动员正在互相拥抱、快乐地叫喊、喧闹地跳到空中，他也有许多值得庆祝的事情。他的队伍一路杀入了年度最著名的橄榄球大赛。他们都是无与伦比的运动员，具有天赋、力量和坚韧的精神，而他却坐在那里哭泣。虽然一支队伍赢了，另一支队伍输了，但实质上他们都赢了。两支队伍在这一年里都表现得特别出色，进入了超级碗。在职业赛场，甚至在学校的小联赛中，大家都过分强调输赢，而不是关注比赛的乐趣。

孩子们知道世界是他们的游乐场，但是大人忘记了。世界上的一切都在邀请我们嬉戏玩耍。这就是孩子教我们的——非竞争性的游戏是令人愉悦的，也是富有价值的。

乔丹·勒朱万提醒我们：做个孩子气的人，没关系的！到达某个年龄并不意味着我们总是要遵循这个年龄的行事方式。成熟有时候是被过分高估了。生活不应该总是那么严肃的，因为这都是暂时的，在某一时刻就会烟消云散——请牢牢记住。有时候，你也可以像孩子一样做事，享受活在当下的乐趣。

玩耍有益发现

玩耍，就像孩子们表明的那样，可以是探索发现的工具。大人世界里的一个绝妙例证来自诺贝尔奖获得者理查德·费曼。费曼的盛名源于有关光和物质的革命性理论，以及在科学观点发生分歧的情况下，执着地调查挑战者号航天飞机失事原因。他用了一个有点孩子气的和恶作剧般的简单实验来证明事故原因，将一个橡胶环放进一杯冰水中，拿出橡胶环后发现它在低温下变形了。费曼也因为在专业领域和私人生活中很会玩而著名。他有着用马克·吐温的手法讲故事的本领，是一名技艺纯熟的小鼓鼓手，还为了好玩而学会了破解保险箱密码，向他的上级表明政府机密文件并不那么机密。正是费曼爱玩和爱钻研的天性让他成了伟大的物理学家。其他科学家和研究者也将他们的成功归功于他们的儿童天性。例如，爱因斯坦看重孩子的天真和想象力。据称人类学家玛格丽特·米德也说过：“我已经足够聪明了，不需要再长大，但我骗过了所有人，让他们以为我是个大人。”

玩耍有益获利

有一天，我认识到了游戏给工作带来的回馈。那天，我在当志愿者，为一个研讨班招募参加者。我们要打很多电话，又不断地被人们拒绝。但是我们从来没有感觉到被拒绝，因为整个招募过程就是一场游戏。我们询问潜在参与者是否愿意跟我们“玩”一场关于人类潜能的游戏。当一位志愿者成功邀请到参加者，整个团队都会为他欢呼，热烈鼓掌。为了增添乐趣，研讨班的注册名单还会展示在一个精心布置的大富翁游戏一样的看板上。

许多公司开始意识到游戏具有激励雇员和让顾客开心的价值，西南航空可能是在这方面最知名的公司之一。例如，乘务员有时候会在飞机过道上滚动一个卷纸，如果它停在你的座位，你就会得到一份礼物。另一家公司让管理层的员工带婴儿时期的照片来办公室，这些照片会展示在布告板上，其他员工可以去猜哪张照片是哪位经理的。当一位访客到办公室时，常常有人问他：“想不想看看总裁小时候没有穿衣服的照片？”

一位售货员的儿子向他父亲展示了放松的力量和价值。有一天，当他父亲准备去上班时，这个 3 岁的男孩将他公文包里的所有文件拿出来了，换成了一个玩具锤子，当你用这个锤子时，它会发出滑稽的嘎吱声。那天上午，这位父亲有一个重要的销售会议，这个会议关乎一个价值数百万美元的合同的成败。他知道还有其他公司正在竞争，所以他做好了心理准备，会议将十分紧张。

当他站起来准备递交那份将决定合同通过与否的报告时，他打开公文包，却只发现了一个玩具锤子。他不知道该怎么办（但他知道必须得做点事情，不能光站在那里），于是拿出那个锤子，在自己头上敲来敲去。他的动作和锤子发出的滑稽声响打破了紧张的气氛。所有人当场哈哈大笑起来。这些笑声拉近了谈判人员的距离，最后合同顺利签署。而且，人们还说这是他们参加过的最佳会议。

想象一下，如果你可以在工作中增加更多的游戏，那会怎样？例如，当你在公司停车场寻找自己梦寐以求的停车位时，假装那是在玩捉迷藏游戏。或者，将你的职位头衔改成更有趣的名字。例如，不要再使用经理、营业员、接待员这些称呼，改成“第一印象主管”（公司的接待员）、“天才”（苹果商店的服务技术人员），或者“头发治疗专家”（沙龙发型师）。这不是更有趣吗？不是更激励人心吗？不是会让你更轻松吗？不是会让人更有成就感吗？不是会让人每天更有工作动力吗？

玩要有益沟通

有时候，像孩子那样做事是传递信息的好方法。例如，有一次我参加了一个为期一周的冥想静修。每一天有好几次，几乎一百个人坐在垫子上，在一个大厅里冥想。每一天，参加者都会在早上 6 点进入大厅，走向自己的坐垫，开始他们计划好的冥想。

在静修的倒数第二天，当人们进入冥想室时，每个人都大吃一惊。他们坐了一个星期的垫子全部不见了。在场者的方位感都被打乱了。

这天早上发生的一切妙在预告了当天晚上老师的讲座主题：无常。移开所有垫子这个举动很巧妙、也很好玩地让大家知道了他的课程，而且这让大家印象深刻。

玩耍有益亲密关系

玩耍让我和我的女儿更亲密。我们拥有许多笑声，我想原因在于我们一起玩得很开心。我记得她很小的时候，我们会一起在街上走，抓住停车计时器，假装拿着麦克风在唱歌。当我们听到一些路人讲外语的时候，我们会突然胡言乱语地模仿我们刚刚听到的话。孩子般地玩耍可以帮助我们建立更愉快和更健康的人际关系。一位精神病专家说，那些一起开心玩耍的伴侣更有可能继续保持关系。这些人常常会抽出时间来彼此陪伴，重新体验之前好玩的经历，以及彼此重新认识。

玩耍有益健康

根据一些医学专家的观点，玩耍也有利于身体健康。实际上，据一位癌症专家的说法，玩耍“对生命是极为重要的……它不是可有可无的，而是必需的”。他用围巾教他的病人怎样玩抛接杂耍。那看似是一个很难的任务，但实际上学起来很简单，所以成就感很高。但这个练习最重要的地方在于，你不能一边担心生病，一边让围巾保持在空中。玩耍让我们放下心中的问题。

当我很小的时候，我的祖父教我玩过一个简单的纸牌游戏，叫作“比沙帕沙”（pisha-pasha）。我总是期待着和他待在一起，这样我们就可以玩这个游戏。童年以后，我再也没有玩过“比沙帕沙”。但是，几年前，当我拜访我爱人在以色列的家人时，偶然间我提到了这个游戏。突然，我爱人的祖母兴奋起来。她也好多年没玩过这个游戏了，问我们还能不能一起玩。接下来的每一天我们都在玩纸牌游戏。而每一天我都注意到，她玩得很开心，忘记了她的病痛，忘记了她需要冥想，也忘记了各种麻烦事。

在我早前的几本书中，我都写到过幽默和笑声在缓解伤心失落上的重要性。但是，我从来没有想过玩耍也可以帮助人们排解悲伤，直到我读到了“在悲伤当中：通过玩耍学会感恩”。这是出自霓娜·莱索维兹和玛丽·贝斯·萨蒙的《感恩的生活》中的一章。

在六年时间里，萨蒙一直面对着她父母不断加重的病情。她说帮助她渡过难关的正是玩耍。“在我经历的每时每刻中，玩耍开辟了从心碎通向希望的道路。”她说，“玩耍帮助我进入了新的意识高度。它消除我的恐惧，让我流下悲喜交加的泪水，带给我希望，以及让我对那些陪伴父母的时光怀有敬意。”萨蒙继续说，她“并不是刻意地寻找玩乐，实际上这些都是偶然发生的”。这一切来自她 3 岁的孙女赖莉，“面对父母的健康危机带来的混乱和挑战，我留出时间去玩耍，带着赖莉去邦诺书店参加每周一次的故事会，带她辗转步行到谢德水族馆看海豚表演，在芝加哥植物园的喷泉那儿玩水，在公园野餐。还有，当芝加哥寒风呼啸，温度降到 10 摄氏度以下时，我们就去溜冰——这是我们的新冒险。”

萨蒙发现玩耍改变了她的视野，“当我惊喜地看到海豚跳出水面、在空中转圈时，当我脱掉鞋子、光脚跑向花园的喷泉时，当我盘着腿在故事会听‘老师’跟我们讲《漂亮的南希》最新的趣事时，我感觉迷失在悲伤和焦虑中的自己消失了。取而代之的是，我重新发现了玩耍给我们的生活带来的快乐。”

玩要有益生存

斯图尔特·布朗博士是国家游戏协会的创办者。他相信，玩要跟我们的生存直接相关，当我们不会玩儿，或者当大人的生活中只有很少的游戏时，后果将很严重。布朗用查尔斯·怀特曼的故事证明了这些后果。怀特曼在奥斯汀得克萨斯大学校园内枪杀了11个人，并且令31个人受伤。在前一天晚上，他还杀害了自己的妻子和母亲。

人们彻底调查为什么怀特曼会如此狂暴，不出所料地发现，他的父亲过度控制和无休止地虐待他的母亲。但是，在广泛采访每一个走进过怀特曼的生活的人之后，就像布朗揭示的那样，人们惊讶地发现怀特曼的生活中始终缺少玩乐，这是造成他精神失常的重要因素。

尽管这不是长期缺少游戏带来的典型反应，但是它确实指出了当我们将游戏排除在生活以外后，可能会造成什么后果。

《陆军野战医院》虽然只是一部虚构的电视剧，但它是一个很好的例子，展示了用游戏作为处理问题和维持生存的方式。艾伦·艾尔达扮演的鹰眼皮耶斯上尉知道自己的主要职责是治疗生病和受伤的士兵，但是，作为一个不认同战争的军医，他在残酷的战争环境中通过游戏来维持健康。面对生离死别，他发现了一些让日子变得有趣的方式。

另一个通过游戏生存下来的例子来自《美丽人生》中的孩子。在这部获奖电影中，一位犹太书商和他的儿子被关进了纳粹集中营。为了不让孩子在恐怖环境下蒙上心理阴影，这位犹太书商发挥想象力，发明了一些有趣的游戏将他们从苦难中解脱出来。

尽管这看起来难以想象——在集中营中嬉戏玩耍——但这部电影的部分情节来自导演和主演罗伯特·贝尼尼的家族故事。他的父亲在被关进集中营三年后幸存下来。游戏，最起码在某种程度上，是拯救他的原因之一。

– 透过孩子的眼睛看世界 –

一个孩子第一天上学后放学回家。

妈妈问他：“今天学了什么？”

孩子回答说：“没学够，明天还要回去。”

——佚名

- 做回孩子 -

我的前妻埃伦有一个关于玩耍的理论。她相信，我们所有人都在反复体验童年，但不一定是按着时间先后顺序来进行。回顾我的生活，我认为她的说法是对的。

在我的成长过程中，我并不擅长体育运动。实际上，我不仅是不擅长，而是很差劲。我从来接不到球，也击不中球。在运动上能力不足的结果是，我总是最后才被团队选中。这通常意味着，我总是在技术最弱的队伍里，这又通常意味着，我们总是会输，而我讨厌失败。所以，我将我的所有能量都投注在别的事情上，如艺术和戏剧。正是在这些方面，我可以填补童年时期在运动上的不足。在哥伦比亚广播公司，我的昵称是“点子大王”，因为我为所有的儿童节目做设计。尽管为电视节目做设计常常是一份高压工作，但在创造性的意义上，我实际是在跟颜料、比例模型玩耍，将不真实的东西做得栩栩如生，有时候又将真实的东西做得奇特梦幻。

现在我不再是设计师了，但我仍然在玩耍。作为全世界唯一的“快乐学家”，我教导全国的人怎样在生活中获得更多的欢笑和玩乐。所以我妻子的想法是对的。我在年轻时候缺乏的玩乐变成了我成年生活的一个重要部分。

埃伦还有另一个关于玩耍的理论。她相信，每一个来到地球的人都是为了一起玩耍。这不就是所有人际关系的重点吗？——我们如何跟别人互动和“玩耍”。生活不就是我们正在玩的一场游戏吗？如果生活就是一场游戏，生活中的我们全都是玩家，那你不是该开始玩耍了吗？

孩子不需要玩耍的理由，但是，如果你需要的话，你可能会找一些节假日来作为理由。有一些节日明显适合玩耍，如万圣节和愚人节，但还有很多小节日等待着我们去庆祝。例如，取个新名字节（2 月 13 日）、伟大情人节（4 月 2 日）、花生酱爱好者节（11 月 4 日）。当然，如果你找不到一个喜欢的节日，你还可以发明自己的专属节日。你可能想庆祝你的金鱼的生日，庆祝办公室的新咖啡机周年纪念，庆祝脾气不好的邻居搬到了塔希提，以此来增添生活的乐趣。

最后，压力管理专家和幽默家洛雷塔·拉罗什建议：“当你在排队等待时，心态幽默一点，不要变得脾气暴躁。这会让生活更轻松。当被包围在轻松愉快的能量中时，每一个人都可以从中受益。请酒店接待员帮你和你的行李一起办理退房，她可能会给你两张优惠券。”

秘诀15

做一个专注的人：活在当下

孩子们之所以充满不可思议的能量和热情，一个可能的原因是因为他们活在当下。他们不会在踌躇、走神上浪费能量，那样会因为积压负面情绪而不断自我损耗。

——爱玛·塞普拉《心灵与健康杂志》

有一天，我的一位朋友 T.J. 伍德沃正在旧金山市地铁上。“有一个看起来五六岁的穿着足球服的孩子和他妈妈在一起。一位坐在他们旁边的女士问他：‘你在做什么？’他说：‘我在坐地铁。’女士又问：‘不，你要去哪里？’他说：‘我不是在去哪里，我是在坐地铁。’女士反复用四五种不同的方式问了这个问题，每一次男孩都是同样的回答：‘我在坐地铁。’”

“最后，”我的朋友说，那位女士“终于意识到，孩子以一种十分深刻的方式认识到，当下就是我们拥有的一切（或者她只是放弃了跟孩子争论下去）。这多么美好，又多么有力地让我们想起了自己拥有欣赏当下的能力。”

据爱玛·塞普拉博士主持的《心灵与健康杂志》上的一篇文章，“大人只花了 50% 的时间在当下。跟其他动物不一样，人类有大概一半时间花在徘徊上”。哈佛大学一项针对 5000 人的研究表明：“人们走神的时候是不开心的。无论我们在做的是开心还是不开心的事，当我们摇摆不定的时候，我们往往不那么快乐。”

研究表明：“例如，你可能会记得某个假期，但由于你的心正被个人问题占据，所以你没办法完全想起那些度假经历。当我们回顾过去时，内心通常会回忆起一些负面情绪，如愤怒或者后悔。当我们想象未来时，内心则会涌现出焦虑和恐惧。甚至当我们在参加一项不那么令人愉快的活动时，就算我们的心流连于快乐的回忆，我们也不会感到更开心。想想过去某一次你不得不做一些让自己害怕的家务（如清洁公寓）时的情景。尽管你很抗拒，然而，一旦开始了，你充满热情地投入其中，结果比自己预想中清洁了更多角落，擦亮了更多地板。当你全身心沉浸在手上的工作时，你会变得精神振奋和充满能量，进入快乐的状态中。”

或许，这就是为什么孩子们似乎总是快乐的，因为他们大部分时间都活在当下。就像哲学家拉布吕耶尔曾经说过的：“孩子的世界没有过去，也没有未来，他们享受当下——这是我们甚少能做到的。”

在冰激凌融化之前，尽情享受

当我问我的朋友帕蒂·塞尔温从两个儿子身上学到的最重要的是什么，她说：“我觉得是学会活在当下。孩子们真的很享受眼前的时光。他们不会在意跟你说昨天的事，也不想知道遥远的未来会发生什么，给他们5分钟的限时提示，这就足够了。”

在接下来的谈话中，我问塞尔温：“你的儿子是怎么教你的？你注意到什么了？”她回答说：“我说不出一个很具体的例子，但是我可以告诉你我从他们身上学到的那种沉浸在当下的感觉。因为我是在家办公的，当我要休息时，我常常走到他们的房间，陪他们玩游戏，或者就直接出门闲逛。然后，当我听到办公室里的传真机或者电话响了，我会对孩子们说：‘好吧，妈妈马上就会回来。’接着我就放下他们，跑去接电话。”

塞尔温继续说道：“当我离开房间时，看到他们失望的表情，这跟我陪伴他们时，他们眼中的光芒、他们的兴奋和生机勃勃形成了对比。这就是我学到的全身心陪伴的重要性。”

我的另一位朋友、《更好的每一天》的作者多萝西·威廉从儿子身上学到的一个重要道理就是享受时光，不要毁掉当下。她告诉我：

> 我的儿子穿着民航巡逻制服，准备离开家门开始他的第一次单人飞行。我焦虑得发疯，担心到极点。作为一位意大利母亲，我知道怎样强烈地表达这些情绪。他只有 15 岁，怎么会想到驾驶飞机呢？他甚至还没有通过汽车驾照考试。如果他都不能在地上好好驾驶一辆汽车，他怎么可能驾驶一架可以到任何地方

的飞机呢？

罗斯一言不发地听着我的激烈发言，一边检查文书，戴上他的飞行帽往门口走去。“好吧，”我愤怒地喊道，使出我的最后武器，“你要记得，你出门以后，每时每刻我都在担心。”

他马上停下脚步，回来跟我说：“妈妈，不要毁了这一切。当我想飞行时，不要因为你的担心将我拉回来。”他的话让我安静下来。分散注意力对一个飞行员来说是致命的。他要进行单人飞行，当他从企业号航空母舰甲板上驾驶海军战斗机起飞时，想到他在做自己要做的事，而我的担忧会将他拉回来，甚至让他遭遇危险，我就平息了自己的担心。“不要毁了这一切。”我会记住这句有用的话。

比起大人，孩子们没那么在意过去和未来。想要像他们那样更加享受生活，我们也一定要关注当下。当然，孩子们不用担心账单，不用跟老板争论，也不用担心衰老带来的疼痛。但是，对过去的怀念和对未来的焦虑占用了我们太多时间，以至于我们忽略了当下带给我们的快乐。“美好往昔”在很大程度上就是陈旧的。过去已经过去，未来还未到来。当下是我们真正拥有的一切。

桑顿·怀尔德的跨世纪剧作《牙齿的皮肤》中的一个角色试图在恐龙、瘟疫、冰川和无数战争的破坏中生存下来。她很疑惑为什么人类要继续生存下去，但是她很聪明地建议我们不要问这个问题，而是去享受我们餐盘上的冰激凌。生活确实就像冰激凌——需要我们在此时此地，在它融化之前去品尝。这就是孩子们所做的，不是吗？

像小鸟一样自由自在

“佛陀之境”网站的创始人马特·瓦伦丁在他的博客中谈到了他 1 岁和 3 岁的两个儿子，“我从他们身上学到了很多事情，那是因为他们还太小了，没什么东西会让他们受到负面影响。他们大部分时间都在享受当下，因为他们还没有太多的过去，对未来也没有概念。但事实就是这样，他们活在当下，而我认为这是孩子比大人更快乐的主要原因。”

活在当下意味着你对自己拥有的一切感到满意，而这就是孩子天然的状态。起码，在电视广告不断轰炸，告诉他们必须拥有什么东西才能快乐前，他们都是这种心满意足的状态。然而，研究幸福感的经济学家最近发布了一些关于大人的满意感的研究结果。他们发现，让大人感到快乐的不是他们拥有了什么，而是他们有多喜欢自己所拥有的东西。

“我花了不少时间思考为什么孩子们如此快乐。”瓦伦丁说。“在很大程度上，”他写道，“我从他们身上看到了我在自我练习中发现的相同的东西。其中最重要的一点是，他们不会羁绊于任何事物。他们没有梦想，没有目标，没有期待。如果他们要发展某些自己可以做到的事情，他们会很快完成，就像从不存在这样的目标。他们还没学会在精神上依恋某种东西，所以，他们几乎没有大人那种典型的羁绊。因此，他们活得像小鸟一样自由。”

无论如何，继续享受乐趣

有一句古老格言说，昨天已经过去，明天尚未到来，只有今天才是我们真正拥有的。大人常常忘了这个道理，但是孩子十分清楚。在大部分时间里，无论发生什么，他们都会享受其中。甚至生病时，孩子依然会享受当下。当他们感到不舒服时，他们会休息。当身体好点儿了，他们就会做孩子会的事：享受乐趣。

当幽默作家厄玛·邦贝克写到那些罹患癌症的孩子时，她发现不管遭遇什么，他们都会想办法享受玩乐。她还发现，尽管生命剩余的时间十分短暂，但是他们依然保持乐观。只剩下一条腿？没问题。他们会单腿跳进水洼里。变成了小光头？没问题。他们会在镜子里大胆地吐出舌头。困在轮椅上了？没问题。他们会跟另一个坐轮椅的孩子来一场比赛。

无论你在经历什么，就像上面提到的那些孩子一样，你也有能力将这些问题放在一边，继续享受生活。一位女士告诉我，在丈夫意外去世后，她的儿子是怎样带她走出困境，重新享受生活的。这个 10 个月大的孩子以为妈妈看不到他，于是光着身子躲在一个铁链围栏后。就在那一刻，她明白了，不能在严肃的氛围中抚育她的儿子。她说："我决定我要寻找生活中令人享受的东西。看到活泼嬉戏的孩子对我来说是一个转折点，他让我意识到无论我们失去什么，或者经历怎样的艰难，我们依然可以寻找乐趣。”

孩子也帮助她将泪水转变为笑声。当她哭泣时，他会反复走进卫生间，每一次给她拿来邮票大小的纸巾擦干一滴眼泪。

放手带来的快乐

凯莉·怀特是一个两岁孩子的母亲，她在澳大利亚经营自己的事业。她从孩子身上学到的其中一课是关于放手的。“做一个‘完美的不完美者’也是可以的。没有将所有家务做好，或者没有做好晚饭，甚至工作没有完成，都没有关系。重要的是你和孩子以及家人相处时都做了什么。我在成为母亲的第一年学会了这个道理。我试图完成所有事，但是不断地被拉回来陪伴我的小男孩。那就像一条橡皮筋，只能拉那么长，绷那么紧。一旦我学会放手，事情就变简单了。”

另一位母亲，我的朋友卡洛琳·汤普森拥有培训系统有限公司，她也从 12 岁的儿子身上学会了放手。她说：

比分是我们6分，对手4分。我们有两个人在场上，这是最后一局，最后一球，投球数是3比2，而我儿子凯文是投手。他投出了球，击球员将其击落在正好的位置（全垒打），所以对方三个人全部回到本垒……对手赢了。他们的运动员连蹦带跳地冲进赛场。他们的看台上挤满了也在欢呼、鼓掌和上下蹦跳的父母。我们的队伍走下赛场，运动员走过站在投手区的凯文，所有人都沉默着没有说话，就像沙子流入不同的河流。我看着他，心里感到难过——因为这个月我很多次在工作上陷入相同的境况。

我为一家定制化培训公司做市场销售，我也有自己的失望——没有得到的项目，与潜在客户会面但我看得出自己并没有给对方留下同意雇用的印象，还有那些没有达到我的预期目标的演讲。在这些失败的会面结束之后，在接到电话或者收到邮件说另一家公司更符合要求之后，我下班回家。回家路上，我在思考："是什么让你觉得自己擅长这份工作的？"我对自己感到很失望。

相反，凯文慢慢走下赛场，脚步一如往常。虽然他的头没有高高抬起，但起码不是垂头丧气的。然后，他坐进车里。开车回家的路上，我们只说了几句话。接着，奇迹般地，他做作业、练习小号、帮忙准备晚餐、和家人边吃边聊，就像什么也没有发生过一样。

有一天，当我因为提案丢失而对自己感到特别失望时，我想：“为什么我不可以像凯文那样？”为什么我要一次一次在脑海里回想自己搞砸的事？为什么我不能抬起头，花几分钟回顾发生了的事，然后就继续往前走？

我很高兴地告诉你，在过去20多年的很多时候，我都做到了。当我对自己的表现不满意时，我会将心态聚焦当下，回想起凯文的举动，学习他那样改变自己，然后继续前进。

满足于你所拥有的

我的一位多年的精神导师给我上了很棒的一课。他的意思是，去渴望一些你没有的东西就是在虚耗你已经拥有的。这个观点是让我们学会感到满足，这与活在当下有关，同时也是孩子可以教我们的。如果你活在当下，你就会心满意足，因为你不会担心已经过去的事情，也不会担心未来。你满足于当下自己拥有的一切。

在极简主义方面写作的博主乔舒亚·贝克从他的两个孩子身上学到了满足。他说：“几个月前，我们将5岁儿子的所有玩具搬出他的房间，放进一个空房里。他没有好好保管这些玩具，所以我们想，如果他表现良好，我们每星期还给他一个他想要的玩具，而且我们只会让他拥有一定数量的玩具。好吧，两个半月过去了，他只要回了一个玩具！我猜他可能真的不需要所有剩下的玩具！”

贝克的另一个儿子再次教会了他满足于自己所拥有的一切。贝克说：“他上幼儿园的背包用了差不多两年了，现在有点脏了。虽然不是坏了，但确实需要清洗。我提到过给他买一个新背包，想着他可能想要一个有着有趣的卡通角色的，或者其他款式。他回答说：‘我不需要新背包，爸爸，我已经有一个了。’对啊！他说得完全正确。他的背包还完全能用，为什么要再买一个呢？当我想买新东西时，我常常想起他的话。这是一个3岁孩子的智慧。”

贝克补充说：“有一次我听到这样的话：‘有一种危险是拥有太多。有两块手表的人从来不知道时间，只有一块手表的人却总是清楚。’随着我越来越年长，观察着我生活其中的世界，观察着人们和他们对财物的依恋，我越来越赞赏不要占有太多东西这种做法。我不要活成物质的奴隶。”

满足于自己的模样

我的一个朋友迈克·罗宾斯写过一本书，他很搞笑地将书名定为《做自己，其他人已经有人做了》。这本书是关于做真实的自己——孩子们肯定会同意的。

这是斯蒂芬妮·卡诺维茨从她的孩子们身上学到的其中一课，这也跟活在当下有关——接纳自己，做你自己。做自己，你不需要推开身上那些自己不喜欢的地方。卡诺维茨在博客里写道：不知什么时候开始，我们……担心别人的目光。我们戴上最好的面具，如果我们想流露自己的感情，我们还会给自己的内心再加上一层遮挡的外衣。我不是要鼓励在公共场合发脾气或者痛哭流涕，但是我注意到，如果我的孩子累了，或者哪天过得不太开心，他们不会隐藏自己的情绪，人们也会理解他们。然而，作为大人，当别人只是过得不太顺利时，我们很快就断定他们是粗鲁的，或者是满脸鼻涕的讨厌鬼。

如果我们想活在当下，不为自己欠缺某种模样而感到苦恼，那么我们需要为自己感到骄傲，学会接纳自我。做我们自己，做跟别人不一样的自己，这让我们成为独特的人。如果所有人都一模一样，这个世界不就无聊得可怕了吗？

即使看起来相像的双胞胎也常常是很不一样的。几年前，我的体能教练彼得的妻子生下了一对双胞胎。当他们1岁时，我问彼得这一年他的儿子是否教会了他什么。他说，他从他们身上学到的是，每个人都是独一无二的。

尽管他们来自同一位母亲和父亲，尽管他们是同一个星座，尽管他们在同样的环境下长大，但是他们每一个人都有着截然不同的个性。当其中一个孩子在房间里，还有两个玩具时，他会很开心地玩上几个小时，完全不会注意房间里是不是还有其他人。当另一个孩子处在相同环境中时，他会拿起其中一个玩具玩一会儿，然后张望四周，想要寻求同意。

这两种性格不分好坏，但在同样情况下，两个小男孩有着相当不同的处理方式。他们都在自己奇妙的行为方式中成为独一无二的人。

放慢脚步

玛丽亚·波波娃在她创办的“大脑学习”网站（Brainpicking.org）上写到了艺术家艾格尼丝·马丁。这篇文章有部分内容强调马丁有关孩子和创造力的观点，艺术家提问道：“当一个小小的孩子在泥土里时，他的感觉是怎么样的？他突然感到快乐，在泥土中滚来滚去，自由自在地大笑、奔跑、跌倒。他的脸上发着光。”她继续说，就像孩子一样，大人也有充满灵感的时候，但是他们“太忙了，总是被教导成要一直奔跑。但你不可能一边奔跑，一边发现灵感”。

换句话说，如果我们想从周围的事物获得灵感，我们必须放慢脚步，活在当下。然而，同时执行多重任务，似乎已经是现在的常态了。问题在于，当我们同时执行多个任务，或者匆忙完成这些任务时，我们什么都没有享受到。下面的故事说明了这个问题。

阿曼达·吉格蒙德是一位家庭主妇和企业所有人。她在观察她的三个小女孩时，发现了上述的道理。小女孩教会她的其中一点是慢下来。“当我的一个女儿还在学走路时，她抓起了一把沙子。当她意识到沙子正从她的指缝滑落时，她的所有注意力都集中在那上面了。滑落的沙子让她感到惊讶，然后，她又抓起另一把沙子，反反复复这么做。她可能就这样重复了5分钟，一切对她都是新鲜的，我也为此感到震惊。她看到那些滑落的沙子，那是因为她完全沉浸在当下的体验。她没有停下来，一直感受着沙子从她指缝间滑走，风在她的脸颊吹拂，还有岩石的粗糙感……当我意识到不应该匆匆忙忙地执行常规日程时，我可以看到各种事物，真正地享受其中。”

– 透过孩子的眼睛看世界 –

另一个故事里的詹妮弗大概8岁了。这时，她的父母觉得她该学习耐心一点，少些抱怨。夏日里，他们准备开始一趟远足……詹妮弗已经长大了，现在远足对她来说不是太困难的事。她的父母说，很欢迎她一起参加，但是她不可以抱怨——远足要花很长时间。她答应说，她很想参加远足，她不会抱怨的。大概走了两英里后，詹妮弗说："妈妈，我不打算抱怨，但如果我真的要抱怨，就是现在了。"

——吉米·巴茨《幽默感》

– 做回孩子 –

有两个很简单的练习可以帮助你更专注。第一个练习是记得呼吸。当然，你不需要真的记住呼吸，因为这是我们的自主行为。但你可以做的，并且可以提醒你专注于当下的，是停下来，注意自己的呼吸。先慢慢地将注意力放在吸气上，再慢慢地注意吐气，然后继续吸气。就这样一呼一吸重复下去，直到你不再走神。

我发现，每当感到焦虑时，这个特别简单的练习可以帮助我冷静下来，还可以将我的思绪带回到当下。因为我正在关注维系生命的东西，而不是一些外在的事情。

第二个可以帮助你提高专注力的练习是提醒自己有意识地做事。例如，当你在进行一项体力劳动时，好比洗碗，下意识地将注意力放在手上的工作，闻闻肥皂的香味，感受水温，看看盘子的颜色，注意水流流向排水孔时的纹路，听听水声，等等。

秘诀16

做一个冒险家：人皆犯错

不要对自己的行动过于胆怯和紧张。生活是一场实验。尝试越多，你会做得越好。

——拉尔夫·瓦尔多·爱默生，作家

著名运动员迈克尔·乔丹曾经说过，在职业篮球生涯中，他错过了超过9000次投篮，输掉了几乎300场比赛，有26次被寄希望于拿下比赛胜利的最后一篮却都失败了。他一次又一次地失败。然而，他说，这正是他成功的原因。

孩子们确切地知道乔丹说的是什么意思。他们不会放弃。当有的事用某种办法行不通时，他们会再尝试另一种。他们在不断摸索中学习。他们从失败中吸取教训。对于孩子来说，不存在失败。

冒险

导演乔治·卢卡斯有过很多冒险经历。他的许多电影都是标新立异的高风险作品。例如，《星球大战》就完全是一种新电影，他觉得没有人会理解这样的作品。然而，电影上映后却大受欢迎。这正是因为它如此的不同寻常和具有冒险性。

我没有看过这方面的研究，但是我敢打赌，艺术家、演员、音乐家、设计师、作家这一类具有创意的人比其他缺乏创造性的人更有冒险精神。我这么说是因为，每次他们公布一件新作品，他们都公开接受批评。

那些不在艺术领域，或者不在聚光灯下的人或许会避开冒险，但是如果我们希望生活中有更多快乐的话，作家萨莉·拉斯贝里和帕蒂·塞尔温鼓励我们尝试更多的冒险。在《活出自己的人生》中，她们建议："你必须找到表达自己的创意天才的方式——哪怕你踩到舞伴的脚趾，跳水时腹部先入水，或者画画时涂在身上的颜料比画布上的还要多。你必须冒险去唱走调的歌，拍烂片，画颜色浑浊的画，创作笨拙的诗，写毫无悬念的短篇小说，发表无聊的演讲。你必须冒险重新做一个笨手笨脚的初学者。”

帕蒂·塞尔温践行她自己的建议，和3岁的儿子开始了一次冒险。小男孩希望和妈妈一起从小山坡上滚下来。“哦，不行，妈妈不能这么做。”她解释说。当她的儿子问为什么时，她说不出一个合理的答案，于是，他们进行了这次冒险。汗水、草渍、咯咯的笑声，还有后来的满脸通红，塞尔温说这是他们在一起最甜美的时光之一，也是她最喜欢的回忆之一。

创意导师罗杰·冯·欧克相信，我们都有“冒险肌肉”，加强力量的方法就是尝试新事物。他建议我们每周进行一次新冒险。这不需要做任何危险的事——开车上班时选择一条不一样的路线，向一位从未见过的邻居自我介绍，发明一道新菜式。

正如据称是记者阿瑟·库斯勒说的那样：“如果造物者是出于某种原因给我们装备脖子的，他一定是希望我们去冒险。”[1]

犯错

斯蒂芬妮·卡诺维茨在博客里写道，除了其他东西，她正从她的两个孩子身上学习的是，做一个犯错的、不完美的人也没关系。“我的孩子，”她说，“正在教我……怎样做一个有耐心的人。当他们在学习新事物时，我总是缺乏耐性。例如，现在艾丽很喜欢自己系安全带（这怎么可能要花那么多时间？当我们赶时间的时候，为什么她要折腾更久？），杰瑞德想自己用餐具吃饭（离物理学宣布酸奶会飞还有多久？）。”

卡诺维茨补充说：“我正在学习和混乱相处……关键是我的孩子并不完美，他们可以在混乱中自得其乐。我也可以。”

孩子们做事很少是完美的，至少在他们的性格形成期时是这样。相反，大人总是力求完美，常常不惜一切

① 英语中 stick out one’s neck 表示冒险。

代价避免犯错。然而，他们忘记了，有时候犯错会带来一些重大发现。记住，哥伦布要寻找的是印度，最后却发现了美洲大陆。

我猜你在生活中也曾用过便利贴。实际上，现在你们当中的很多人可能就在家里或者办公室里用着这些神奇的黏性小便签。你们知道这是一次犯错带来的副产品吗？它从一个大错摇身一变成为3M公司的摇钱树，每年有500亿张便利贴被生产出来。

故事开始在1968年，化学家斯宾塞·西尔沃想要开发一种更优良的黏合剂。但他制造出来的是一种像胶水一样的物质，它可以黏在物品表面，但是也可以轻松地撕下来，不会损坏物品表面。

多年来，西尔沃都在为这个“错误”寻找用途，直到他在教堂唱诗班看到一些人的经历，他才意识到推出新产品的可能性。平日练习里，唱诗班的成员会在他们的赞美诗集上夹上一张纸作为书签，但到了星期天书签就会掉下来。突然之间，便利贴的创意就在西沃尔的脑海里冒出来了，尽管后来他又花了很多力气才说服3M公司推出这一产品。就像现在的智能手机和其他科技设备，在这个“错误”产品出现之前，没有人想过会需要这样的东西。

伟大的建筑师和发明家巴克明斯特·富勒将他的许多发明归功于犯错。他相信，人类生来就是要通过反复试验来学习的，遗憾的是，我们以为人不应该犯错。富勒坦言，他取得的所有进步都源于犯错。

孩子教会我们，犯错不仅是可以接受的，而且非常有价值。

忘记恐惧

或许除了儿歌中害怕蜘蛛的慕菲特小姐，小孩子都是无惧无畏的。抛开慕菲特小姐不说，大多数孩子都没有与生俱来的恐惧。在长大的过程中，孩子们的大多数恐惧来自对其他人的观察，或者因为周围的人告诉他们什么东西是可怕的。然而，实际上我们只有两种天生的恐惧：摔倒和嘈杂的声音。当然，在现代社会的生活中有一些担忧是必要的，如穿过街道时不要被汽车撞倒。但是，其他忧虑——例如对未知事物、对遭受拒绝、对未来可能发生的事的恐惧——是完全不必要的，它们只会妨碍我们充分享受生活。

尽管已经成为大人，但我们依然可以回到童年，重新体验无所畏惧的生活。在这本书前面的章节中，我提到了社会营销战略师泰迪·罗宾。现在，或许他的问题可以帮助我们进一步思考如何将孩子的勇气带到成人世界里。他问道：“从什么时候开始，我们的生活从无所畏惧变成了安全为上，在做决定时如此地看重减轻风险？如果我们任由恐惧滋长，我们就是在用创新换取停滞，用天才换取平庸，用历险换取乏味。你觉得哪种情况听起来更好呢？”

忘记失败

大人常常害怕犯错或者失败。相反，孩子从失败中学到许许多多的东西。失败教会他们新的技能和新的办事方式。失败对大人来说也可以是一种财富。就像我们从成功中学习一样，我们也可以从失败中学到很多。挫折可以是成功的奠基石。它也可以教会我们谦虚、忍耐和同情。除此以外，失败的重要性还在于：

它意味着你至少尝试过了。

它让你变得更强大、更有韧性。

它教会你如何面对失望。

它帮助你认清自己的弱点。

它可以激发坚持不懈的精神。

它可以培养创造性和解决问题的技能。

它可以帮助你欣赏成功。

有意思的是，很多名人在尝试之初都曾遭遇失败，而这激励他们走向成功。例如，你知道是哪个报纸编辑因为“缺乏想象力和没有好点子”而被解雇吗？或者谁被老师说他“太笨了，不会学习”吗？又或者是谁直到 4 岁才会说话，7 岁才会读书，所以被爸爸妈妈认为是“不正常”的吗？答案分别是沃尔特·迪士尼，托马斯·爱迪生和阿尔伯特·爱因斯坦。

遭遇挫折的不仅仅是他们。《赫芬顿邮报》创始人阿里安娜·赫芬顿曾经被 36 位出版人拒绝。苹果公司的创始人史蒂夫·乔布斯曾经被踢出自己的公司。电视脱口秀女王奥普拉·温弗瑞在第一份电视台工作中曾经被开除。

这个名单还可以继续列下去。在自己选择的事业上一开始经历失败，后来大获成功的名人还有比尔·盖茨、杰瑞·宋飞、露西尔·鲍尔、玛丽莲·梦露、史蒂文·斯皮尔伯格、J.K. 罗琳、猫王、亨利·福特、R.H. 梅西、桑德斯上校、温斯顿·丘吉尔。他们都曾失败过，但是他们从未放弃。

我的一位朋友，《达拉斯新闻早报》的专栏作家戴夫·利伯分享了一个关于他儿子乔恩的故事。他说他从儿子身上深深地学到了不言放弃的道理。当乔恩上高中时，他参加了纽约洋基队的选拔。选拔赛后，球探告诉他等电话通知。

> 选秀会是在星期二和星期三。星期二的前 20 轮选秀，我和乔恩都在网上收听结果。每当洋基队选择一位球员，乔恩都发出让房子震动的哀号。
>
> “不用担心，”我说，“他们现在是在选投手。”乔恩在球队中的位置是外场手和一垒手。
>
> 第二天，我们又通过电脑建立了监控站来收听选秀会。听到一支又一支队伍，一位又一位球员的名字，很快，乔恩就躺在我办公室的长椅上，用手挡住他的脸。到了第 30 轮选秀时，他绝望地放弃了。
>
> “你要去哪里？”乔恩准备离开时，我问他。

"听着这些东西让我觉得不舒服，我厌倦了。"他说。

在我们的继父子关系中，出现过很多次紧张局面，但最严重的还是因为我不断地催促他做自己真正想做的事。

"我知道你只是因为妈妈的想法而去踢足球。"我说。

他不说话。

"但你才是运动员。是你去参加比赛，不是她。你自己到底想做什么呢？"

"我想打棒球。"他轻声地说。

到了第35轮选拔，乔恩躺在自己的床上，抱怨说觉得头疼。

到了第40轮，他叹着气说："我不会入选了。"

"你可以的！"我说。

在第45轮后的中场休息时，广播员说，最后几轮选拔是为其他队伍不认识的优秀球员保留的。

"该轮到你了。"我说。

在第46轮，旧金山巨人队选择了一位投手。

"下一支队伍轮到洋基队了。"乔恩低声说。

然后，从洋基队在坦帕市的"战房"办公室传出了我们永远不会忘记的一句话："洋基队选择了沃思堡市佛希尔里奇高中的左外场手乔纳森·伯辛格。”[①]

我一下子跳到他身上，就像他刚赢得了世界联赛，而他就像看一个傻瓜一样看着我。他从来没见过我以这样的方式来庆祝。

“你成功了！成功了！”我紧紧地拥抱他，不断重复这句话。

利伯说：“在这之前，得克萨斯州的高中生从来没有入选过。乔恩教会了我，不可能的事也是可以做到的。”

最后一个转败为胜的例子来自参加学校戏剧选拔的小男孩。他没有得到自己想要的那个角色，但是他依然对自己获得的角色感到激动。宣布演员名单的那天，放学后他冲向他的妈妈，充满骄傲和兴奋地宣布：“妈咪，你猜怎么着？我被选中去鼓掌和欢呼。”

– 透过孩子的眼睛看世界 –

孩子们正在一所天主教小学的自助餐厅排队吃午饭。

① 乔恩是乔纳森·伯辛格的昵称。

在桌子的一端是一大堆苹果。修女写了一张便签放在苹果托盘上："每人拿一个。上帝正看着。"沿着午餐队伍走去，在桌子的另一端摆着一大堆巧克力曲奇。一个孩子写了一张便签："想拿多少拿多少，上帝正看着那些苹果。"

——佚名

– 做回孩子 –

喜剧演员泰瑞·桑德向人们发出挑战，让他们通过"大胆做傻事"来重拾孩子式的玩乐心。她说："开始探寻玩乐心时，很多人都会感到不好意思、紧张和笨拙。"为了解决这个问题，她邀请人们进入"傻瓜王国"，寻找玩得开心的方式。为什么不试试她的建议呢？

·双脚穿上不一样的袜子，彰显突破常规的态度。

·在工作日中途换一身衣服，看看是否有人注意到。

·在无聊的电话里，依次以A到Z开头的单词开始每一句话，让自己保持快乐。

·小心地对半打开一颗核桃，将核桃仁取出来。在小纸条上写一句有趣的签语，如"明天是这周余下日子的第一天"。将纸条折起来，塞进空的核桃壳里。将两个对半的核桃壳重新黏起来，放回原来的地方。这样，你将会给一个素未谋面的人一生的惊喜。

· 最后，有一个实用的傻瓜创意：让一块咬不动的肉变软嫩，将它放在蜡纸之间，密封在塑料袋里。然后，出门将这袋肉放在汽车后轮胎后，倒车碾过这个袋子。重复三次。最后，熄灭引擎，找回你的肉，用世界上最软的牛肩胛肉惊艳你的朋友。

上面的一些建议确实可能不太实用——毕竟是“傻瓜”一样的。不过，我只是将它们作为孩子式的创意思维的一些例子，你也可以学着设计适合自己的好玩的游戏。

秘诀17

做一个真诚的人：皇帝没有穿衣服

世界上几乎所有诚实的话都是孩子们说出来的。

——奥利弗·温德尔·霍姆斯，医生，诗人

我们当中的大多数人都知道汉斯·克里斯汀·安徒生的童话《皇帝的新装》。这个故事讲述两个纺织工向自负的皇帝许诺制造一身新衣服，而那些才不配位的、愚蠢的，或者没有能力的人是看不见这套衣服的。当皇帝穿着“新衣”在他的子民面前游行时，没有人敢说皇帝没有穿衣服，因为他们担心被认为是不能胜任工作的。

直到一个还不懂得伪装的小孩子大声喊出：“皇帝什么都没穿！”

一个孩子向所有人展示了真相。

说出真相

孩子们常常用纯洁无瑕的世界观向大人展示，他们视为确凿无疑的东西可以用不同的视角来看待。例如，一个孩子年迈的奶奶生病了，时时感到痛苦和伤心，小男孩问她想要什么圣诞礼物。她说，她想要快乐，但考虑到自己的情况，小男孩不可能给到她这份礼物。

到了圣诞节早上，小男孩送给他奶奶一份礼物。她打开盒子，看到里面是一张装裱好的画纸，小男孩用蜡笔在上面写了一个词。那是大号加粗字体的“快乐”。“看吧，奶奶，”他说，“我可以带给你快乐。”

我相信，年幼和年老是我们生命中最睿智的两个阶段。尽管我不能证明这种观点，但是在我和临终安养院的病人一起工作时，在我身边围满了孩子时，我都注意到了这一点。小孩子和老人的诚恳沟通中都充满了真实可靠的意味。孩子还不懂得什么是社会交际中的“得体”行为，而对于老人而言，他们知道自己正临近生命的终点，举止合宜不再像以前那么重要了。

或许在生命最后的时刻，我们慢慢地接近刚踏入这个世界时的一些人格品质。婴儿和老人有一些身体上的相似性。例如，他们都需要别人喂食、穿衣，以及帮助行走移动。此外，年长者会降低他们的防御性，因为他们需要保护的东西所剩不多，而孩子还没有得到很多需要捍卫的东西。因此，这两个群体在交流中都更加诚实。

我在写作这一部分时，读到了一个英格兰的新研究，表明马可以理解人的情感。研究者向 28 匹马展示了人类开心和愤怒时的大型肖像照片，分析了它们的反应。研究揭示，当看到人类生气的脸时，马的心率明显上升。

显然，这些马知道生气的人可能带有威胁性。我之所以分享这个研究，是想说，如果马可以辨认出有的人正处在愤怒当中，比它们智商更高的孩子当然也可以探测到身边的人的情绪。我不知道有没有这方面的研究证据，但是我们都知道，或者我们都听说过，孩子可以本能地感知到父母试图掩藏的东西。孩子们有着敏锐的洞察力，他们可以感受到各种事情。

人生导师特雷斯·苏士说她学会了相信和依靠她的孩子的天性和直觉。“孩子们会说出真相，哪怕是我不敢面对的。”她说。苏士跟我分享了这个故事：

在我和孩子们父亲的最后一年婚姻中，一切变得十分紧张。我们没有吵闹，但有一种无言的焦灼。我们并不想真的离婚，因为我们不想毁掉孩子。就像离婚理论告诉我们的，一个核心家庭的父母关系破裂会带来什么后果。

人们猜想，孩子还小，他们不会察觉到一段婚姻正面临的问题。或许有的孩子是这样的，但我们的孩子不是。

有一天，当时6岁的儿子把我带到一边，冷静地说：“你知道该怎么办吗？你和我，还有A应该另外找一个房子，我们可以邀请爸爸来。”就在同一个星期，10岁的女儿一边在我留在床上的杂志里读一个失败的婚姻故事，一边说：“这个女人应该跟她的丈夫离婚。你应该和爸爸离婚。”

我正需要这么一个许可，来结束这段对我们任何人都没有好处的婚姻。孩子们知道的，或许不是我们对婚姻的种种不满的细节，而是我们在做的事是没用的。他们知道，如果我们可以停止这种痛苦的状态，不再勉强自己去实现那些相互对立的需求和愿望，他们会过得更快乐。

你知道后来发生什么了吗？我们离婚了。我们达成了完美的抚养协议。我们没有毁掉自己的孩子——就像他们充满智慧的灵魂所知道的，我们不会那样做。他们过得很开心，身心健康地获得了好成绩和良好的社会支持。

相信你的孩子吧，他们是智慧的。

谈到相信孩子，在我女儿小的时候，我跟她说过永远不要跟我撒谎。因为一旦她跟我撒一次谎，我再也不会相信她说的话是真的。据我所知，从那以后，她没有欺骗过我。在我看来，谎言会打乱宇宙的秩序，它也会带来许许多多的麻烦。一旦你说谎了，你就必须留心自己说的所有话，避免跟之前所说的自相矛盾。讲真话就轻松多了。就像前面苏士的故事表明的那样，孩子对事实有一种内在的感觉。他们常常如实地说出真相，哪怕我们大人不愿意去承认。

在上文中，珍妮特·加林说过一个关于向她的孙女学习的故事。现在，她可以分享一个关于她女儿的故事。加林曾度过一段艰难的失业低谷，极其心烦意乱，直到她的女儿以孩子的智慧鼓励她接受现实和继续往前走：

> 和我喜爱的人在岗位上共度18年时光，每周5天，每天8小时，还不算那些快乐的、时时加班的夜晚和周末的工作活动。我在工作上所花的时间比和家人相处的时间还要多，所以当我的岗位变得过时了，当我应该离开的时候，我的心里（和日程）留下了大大的空洞。
>
> 当我数不清第几次跟年幼的女儿说起我想念过去的朋友、过去的工作任务、过去的办公桌、过去白天的邻桌同事、过去的日常工作时，她说出了一种让人赞叹的智慧：“妈妈，有时候你就是要在新生活前推自己一把。”然后，她就转过身去，完成我中途停下来的各种事情。我满怀纯粹地感谢并拥抱了她，感谢她温柔可爱地包裹我的不安。
>
> 是的，每一个阶段都是接下来的生活的孕育期。往前走，在新的氛围中呼吸，在新的道路上学习行

走，用新的视角定义自己，正是这样持续的蜕变防止我们停滞不前。有了这一刻的恍然大悟，以及女儿的建议，我走出了房子，在阳光下散步，在那连续几个星期中第一次露出了笑容。

真正重要的东西

很久以前，当我参加艾哈德研讨训练班时，斯图尔特·埃默里是我的老师。我记得他说过和他 11 岁的儿子的一次谈话，埃默里问他在学校过得怎么样。他的儿子说还不错，但是，在后来的对话中，他说在学校很少学到为人的品质，他丝毫没有学到如何做一个人。就在那一刻，埃默里意识到，这个 11 岁的孩子发现了当下教育体系里的真正问题。

有时候，孩子说的或者想的常常是很直率的，比大人想要讨论的还更深刻和诚实。跟许多大人不一样，孩子并不害怕谈论死亡之类的禁忌话题——很大程度上因为他们还没意识到死亡的终结性。不过，他们的洞察力和坦率还是让人大开眼界。例如，有一天，一档日间电视节目的主持人正在采访一个 10 岁的孩子，他正因癌症而生命垂危。主持人很同情这个可能很快就会过世的男孩。为了安慰这个孩子，他评论道，命运对那些早逝的生命很不公平。

主持人紧张地向男孩诉说，如果这件事发生在自己身上，他会很害怕。然后，他问那个罹患癌症的孩子，为什么他可以这么勇敢。

男孩脸上露出一个笑容，他告诉主持人不要害怕。“不要忘了，”他说，“我可是得了癌症的人。”

杰里 · 扬波尔斯基医生和患癌症的孩子一起工作了许多年。他知道，孩子是我们最好的老师。他学到的其中一件事是，那些病重的孩子常常保留着他们的幽默感和玩乐感。其中一个例子来自一个 6 岁的患白血病的孩子。

她经历了各种各样痛苦的检测，头发掉光了，但她依然很快乐。有一天，扬波尔斯基和一位正在处理一些重大纠纷的医院行政人员会面完，他问那个孩子，对于行政人员正面临的难题，她有什么建议。孩子回答说，她很清楚该怎么做。她说，扬波尔斯基应该出去买一根羽毛，每天给行政人员挠痒痒三次，逗他开心。

于是，扬波尔斯基给行政人员送了一根羽毛，跟他讲了这个故事。他也给自己买了一根羽毛。每当他过分严肃时，他就会拿出这根羽毛给自己挠痒痒，让自己笑一笑，记住那个小孩最简单却又最聪明的建议。

洞察事物的本质

有一天，我在街上走着，路过了一群有智力障碍的孩子。其中一个看着天上有一架飞机画出了一条长长的白色尾迹，大声说道："看，有一条天际线。"

他说得多么有道理。大人所定义的天际线根本不是天际线，那更像是一条地平线。喷气式飞机在天上画出的线条才是真正的天际线。

孩子们对这个世界有着清晰的认知，可以让我们更准确地看待事物，或者至少可以让我们以另一种方式看待周围的世界。例如，我的一位演讲人朋友告诉我，他 6 岁的儿子是怎样解释夜里发生的事情的。他不是说自己做了一个梦，而是说："我在眼睛里看到了一些画面！"他有说错吗？

另一个洞察事物本质的故事发生在机场里，原定航班取消后，我正在排队领新的机票，无意中听到了两个孩子的对话。其中一个孩子转向另一个孩子，很大声地说："你不生航空公司的气吗？"他们不仅逗得周围的大人哈哈笑笑，而且说出了大部分人的真实感受。

孩子们常常看到事物原本的面目。他们拥有一种如实观察的品质，而大人的眼睛却是看不清的。例如，一位母亲问她的女儿准备了什么母亲节礼物。那个孩子想了一会儿，然后回答说："你应该给我送一份礼物。如果没有我，你就当不了妈妈。"

另一位母亲说，当她女儿两岁半时，他们已经习惯了家里的东西常常被弄坏。有一天晚上，当他们看着夜空时，她的女儿第一次留意到四分月。"啊哦，妈妈，月亮坏了。"她说。

幽默家吉米·巴茨也有一个非常有意思的故事，一个小男孩分享了他看到的东西。在《幽默感》这本书里，巴茨写道：

> 一个朋友乔告诉我，有一天他打算参加一场特别的午后弥撒。他5岁的侄子请求跟他一起去。乔说：

“不行，你会动来动去和说话的，你不能跟着去。”那个孩子继续向他乞求，承诺说他会乖乖的，一动不动地坐着，在仪式开始前会上好卫生间。在孩子不断地劝说后，乔决定带他一起去。在仪式过程中，牧师穿着长袍在过道走来走去，一边走动一边焚香。那个孩子很感兴趣，然后他开始拉叔叔乔的T恤。乔提醒孩子，他承诺过会保持安静的。孩子坚持说，只是想告诉他一件事。最后，乔有点生气地说：“什么事？”就在那一刻，孩子说：“我只是想说，那个男人穿得很好看，但是他的钱袋着火了。”

人小鬼大话惊人

一位幼儿园老师问班上的孩子：“世界是什么样的？”一个孩子举起手，然后回答说：“糟糕的！”

有时候，孩子的真实观察会让人很尴尬，他们常常在最不恰当的时候大声说出他们的答案。

例如，一位治疗不孕不育病人、帮助女性怀孕的医疗保健专家接到了女儿学校打来的电话。电话里，老师很不高兴。她说，在那天的展示活动课上，她让每个学生介绍自己爸爸的工作。小女孩骄傲地向全班同学宣布："我爸爸的工作是让女士们怀孕。"

在另一个案例里，一个小男孩看着他妈妈在脸上涂抹面霜。"这个有什么用，妈妈？"他问。"可以让我变漂亮。"她一边用化妆棉拭擦面部，一边回答。小男孩看着他妈妈说："但它一点儿用都没有，不是吗？"

还有一个在感恩节不久后到医院探望祖母的 4 岁孩子。当他在医院时，一个圆圆胖胖的护士走进病房来照看病人。孩子看着她问："女士，你是在感恩节吃太多火鸡了吗？"

很多父母都知道，孩子的话常常很有意思。或许是因为英语常常缺乏逻辑。例如，为什么我们在私人车道（driveway）上停车（park），在驾车专用道（parkway）上开车（drive），在高速公路（freeway）上付过路费？相反，孩子们通常更加直截了当。或许，这是大人可以从孩子身上学习的。

例如，一个五年级的学生在眼科医生的办公室检查视力，当医生在屏幕上投影一些字母，让他说出自己看到什么时，他回答说："辅音字母。"

最后，我曾经读到过一个读者来信的故事，那是关于一位在埃及旅行的游客。因为患有呼吸道疾病，旅行团中的一位女旅客在一个又热又多沙尘的日子戴上了面罩。当旅行团在古墓参观时，一群埃及孩子跟在了他们后面。他们似乎被那位女游客吸引了。导游解释说，他们正在讨论为什么那位女士要捂住嘴巴。孩子们得出的结论是，因为她会咬人，所以被迫戴上了嘴套。

- 透过孩子的眼睛看世界 -

在我出门参加一个长期的巡回演讲前，我跟 4 岁的安德烈说，我担心他不能自己好好睡觉。他似乎明白了，当我不在家时，如果夜里他能好好待在自己的房间睡觉，可以让他的妈妈诺拉拥有宝贵的睡眠时间。

当我结束巡回演讲，诺拉来机场接我……安德烈兴高采烈地在机场过道冲过来，大声喊道："好消息，爸爸，你不在家时妈妈没有跟别人睡在一起！"

——《幽默，游戏和笑声》

– 做回孩子 –

在诺贝尔奖颁奖典礼上，作家艾萨克·巴什维斯·辛格说：“我有 500 个为孩子写作的理由。”以下是其中一部分：

“孩子们单纯地读书，而不是评论。他们不在乎批评家怎么说。如果一本书很乏味，他们会毫不掩饰地打哈欠，而不会因为权威说法感到丢脸或者有所顾虑。”

“他们依然相信上帝、家庭、天使、恶魔，还有女巫、精灵、逻辑、清晰度、标点符号和其他过时的东西。”

“他们不会试图去理解卡夫卡或者《芬尼根守灵夜》。”

“他们并不期待自己喜欢的作家去拯救人类。虽然他们还很小，但是他们知道这不在作家的能力范围之内。只有大人才会有这种幼稚的妄想。”

辛格在这里说的是，孩子们有自己的思考。在表达自己的想法之前，他们不会先看看周围每个人是怎么说的。他们依然相信魔法、魔术和奇迹。他们不知道的东西还有很多，但是他们会承认这一点，这就是他们会问那么多问题的原因。

你可以孩子气一点，有自己的想法，寻找这个世界的奥妙之处，并且承认自己有时也会犯错吗？

秘诀18

做一个睿智的人：相信你的心灵认知

我确信，孩子们知道的比他们说出口的要多得多。这跟大人很不一样，大人充其量只知道一点皮毛，却会说很多。原因很简单，孩子们用整个生命去感知万物，大人只会用头脑来思考。

——雅克·卢西兰《黑暗中的光》

在《宇宙是一条青龙》中，作者布莱恩·斯威姆说："我被邀请去给一个幼儿园班级讲宇宙的故事，我向孩子们提出一个想法：我们的身体来自超新星大爆炸。我正说道：'你知道自己来自一颗星星吗？'一个5岁的小男孩说：‘我知道！’在某种程度上，我相信他真的知道。”

孩子们拥有丰富的智慧。遗憾的是，在我们长大的过程中，很多时候这些智慧会被压抑。尽管如此，大人还是可以重新学习相信自己的“本能感觉”，相信自己的心灵智慧和直觉。

孩子知晓一切

“当我是个孩子的时候，就像所有的孩子一样，我觉得父母背后还有一双眼睛，他们什么都知道。”健康顾问蒂姆·德尔金说，“但是，现在当我有了孙子孙女，我学到了另一件事。他们就像保姆一样在照顾我。实际上，背后长了眼睛的是孩子，他们什么都知道。”

来自澳大利亚墨尔本的露安妮·马琳知道最后这句话的意思。她跟我分享了一个故事：

> 最近我恢复单身有13个月了，我的孩子分别是9岁和11岁。有一天，我的儿子在车上转过来跟我说：“妈妈，你打算什么时候交男朋友？”

我笑了起来，因为我想让发展感情这类事情停止一段时间，好让孩子们适应爸爸妈妈分居的生活。

“妈妈，我觉得是时候了。”

我回答说：“哦，孩子，我可能会去约会的，但现在还不急。”

“妈妈，我一个星期里交的女朋友比你一年里交的男朋友还要多！”我的儿子库珀笑得咧开了嘴。

“哦，真的吗，库珀？真棒。”我微笑着说。

“这是真的，妈妈。”我9岁的女儿脸上也露出了笑容。

我想，孩子们是在告诉我，妈妈可以开始约会了。

我的一个朋友伊兰妮·萨维奇是一位作者和家庭治疗师。在多年的顾问生涯中，她从孩子们口中听到了许多智慧的话语。在一场咨询中，有一位母亲、一位父亲和9岁的孩子。小女孩说：“我可以告诉你这个家庭的问题在哪里：他不听她说话！”

当大人弄不清事情时，孩子们却直觉地知道该怎么办，最后一个与此相关的故事来自安·弗莱。这一回，她告诉我，孩子的一个简单问题给予了她改变一生的智慧。

当我们搬家到得克萨斯州的奥斯汀时，我的儿子加布里埃尔刚满7岁。我们来这里是为了开始我的新工作。不到一年，我就意识到这份工作进展很不顺利，但我不知道该怎么办。

有一天情况特别糟糕。我的员工出卖了我，我焦头烂额地让工作恢复正常。那天当我下班时，我甚至在上车前哭了起来。当我将车停进车库时，我试图擦干净晕到脸上的睫毛膏，想在儿子面前显得一切正常。

接下来发生的事彻底改变了我的人生。

我从车库走进厨房，加布里埃尔正在那儿等着我。他说："妈妈，你是想每天下班都哭着回家吗？"

就是这样，我骗不了他。显然，我的工作已经影响到他了，或者也影响到我的丈夫了。

我对孩子说："叫上你爸爸，我们一起到出奇老鼠餐厅吃比萨、玩游戏。"听到我的话，他兴奋起来了。那天晚上我们度过了美好的时光。

回家以后，我写了30天后离职的辞职信，第二天上午交出去后就没有再回头。如果没有加布里埃尔的智慧和发人深省的问题，我不知道事情会变成什么样。

天赋

物理学家J．罗伯特·奥本海默曾经在一次会议上说：“有的在街上玩耍的孩子可以解决我的一些顶尖的物理难题，因为他们拥有我早已失去的感觉感知模式。”他说得多么有道理——尤其是在当下高科技世界里。

所有拥有电脑的人都知道，想要了解怎样在电脑、在网络上处理一个问题，或者想要解决一些操作故障，最佳的办法通常是去问孩子。有很多事实可以证明这一点。据国际传播学会报道，40%的家长从孩子那里学习使用科技产品。这对计算机科学家艾伦·凯来说可能一点都不惊奇。这位科学家发明了“个人计算机”这个术语，而且可以说是苹果电脑的鼻祖。凯相信孩子掌握了数码世界发展的关键，他们在他的研究中扮演了重要的角色。因为凯相信，如果孩子们可以操作他设计的电脑，大人也可以。

为什么孩子们能够如此灵活地掌握新技术？因为他们是充满好奇心的探索者，并不惧怕摸索未知事物，直到自己有所发现为止。他们用新奇的视角观察寻常物件，用新目光看待旧事物。最后同样重要的是，孩子们不带偏见，他们不会用对错去判断他们的做事方式。他们只是单纯地大胆尝试。

心灵认知

对于那些面临职场转变的人，现在的职业咨询师会建议他们向内心的童年智慧探寻答案，想一想自己还是个孩子时喜欢做什么。大人还是孩子时的热情所在，是新工作的完美选择。我认为，小时候的我们对自己要成为什么样的人有着深深的认知，尽管当时我们还没有这种意识。

例如，阿肯色州小岩城的罗伊·达德利谈到过小时候给予他启发的东西。“我的生命是由古玩构成的，”他说，“每个星期六早上，妈妈和我都会去阿肯色州西北部的乡村拍卖会……我妈妈关于拍卖的一条黄金法则是‘早去晚归’……我还学会了买成箱拍卖的东西。很多时候，好东西就在里面。妈妈允许我自己出价竞拍，我通常就会买这种成箱的拍品。一个10岁的小男孩跟这些东西有什么关系呢？这不是问题！

“神奇的黑兹尔阿姨走进来了……她是毫无争议的前院拍卖女王。我会给她看我从拍卖会买回来的一箱东西，她会在箱子里面翻找。一番仔细检查后，她会问：‘你花了多少钱买这箱东西？’罗伊：‘8美元。’黑兹尔阿姨说：‘好吧，看这幅画——我们给它标价8美元。只要卖出这幅画，剩下的东西就不会亏本了……’

“已故的母亲给我灌输了对古玩的热爱和欣赏。她的兴奋感、好奇心和热情都感染着我，带给我真正的快乐。我的阿姨黑兹尔启发和激励我培养一个有趣的爱好，并且让我将收集的爱好变成一项事业——罗伊·达德利资产拍卖公司的重要基础。”

另一个关于孩子对毕生事业的心灵认知的故事来自一位牧师，罗利·贝恩。当他很小的时候，他读到了小丑可可的传记。从那时起，他明确知道了自己想做什么——成为一个马戏团小丑。当他接近8岁的时候，他甚至在作文本里写下了他对未来想象的细节。他知道自己想加入哪个马戏团，他的衣服和妆容是怎么样的。他甚至计划了整套表演。作为一个不求回报地做自己想做的事的人，贝恩在作文本里写到，他并不是想通过扮演小丑来赚钱，如果他真的赚了钱，他会捐给穷人。另外，为了给病人加油和让他们笑起来，贝恩还想将自己的小丑表演带到医院里。

令人感到惊奇的是，当贝恩作为一个年轻人开始自立门户时，他并没有马上成为一个小丑。相反，他走上了宗教的道路，成了一名英国国教牧师。这个职业跟小丑几乎毫无关系。然而，贝恩没有忘记自己的童年梦想。后来，他上了小丑学校。不久之后，他将自己热爱的两项事业结合起来，在一个宗教团体里进行小丑表演。

在进行这两项事业时，他协助创办了“圣愚”团体，成功地将小丑表演融入牧师工作和礼拜活动中。贝恩在世界各地扮演小丑，获得了多个奖项，还就自己的生命热情写了几本书，而这些全部来源于他的童年。对了，一如他的童年目标，他已经在医院里进行了数百次的小丑表演。

心胸开阔

亨利·大卫·梭罗说过："放弃我们的偏见，永远不会太迟。"这是孩子们最美好的品质之一。他们天生不带偏见，他们心胸开阔。他们对所有经验持开放态度。他们用新鲜的视角看待因大人的种种评判而变得毫无悬念的世界。我们可以从孩子身上学习重要的一课——无论别人是什么肤色，长什么样子，拥有哪种文化传统，我们都跟他们有着共通点。以下几个小故事可以引导我们放下成见，做一个心胸开阔的人。

我的朋友凯特·桑顿说，她从来不觉得自己是个种族主义者，但她年幼的女儿丽兹所说的一些话，让她在过去这些年多次地反思自己跟不同国家、种族、性别的人的关系。

很多年前，我去一个生日派对接当时 4 岁的女儿丽兹回家。小寿星是她上幼儿园时很好的朋友。他是一位印度人，确切来说是东印度人。那天，有很多亲戚朋友来参加在他家地下室举办的派对。

当我走进派对房间时，很容易就从丽兹的金头发和白皮肤认出她来。回家路上，她在车里跟我说派对上的事——游戏，食物，蛋糕，礼物，客人，等等。我将车停好，然后转过头问她派对上有没有印度人。

丽兹把脸转过来，头发乱糟糟的，蛋糕涂到裙子上，整个人已经玩得筋疲力尽了。她没有耐心回答我这个愚蠢的问题："他们都是人，妈妈，都是普通人。"

我回答说："是的，当然啦。对不起，我说了那样的话。"

我的另一位朋友艾琳·狄龙给了我另一个例子，同样表明了孩子可以教我们心胸开阔。故事发生在她丈夫那位有点傲慢的成年堂姐的一次拜访中。

她 8 岁的女儿德布邀请了最好的朋友来家里玩。德布是白人，而她的朋友是非裔美国人。当小朋友回家后，那位堂姐开始质问德布。

"她是谁？"

"我的朋友艾米。"

“你为什么跟她玩？”她逼问道。

“因为她是我最好的朋友，我喜欢她。”德布回答说。

“但她的肤色跟你的不一样！”那位堂姐固执地说，脸上带着惊恐的表情。

“不，我们是一样的。”

“你的皮肤是什么颜色的，德布？”堂姐质问道。

“自然的颜色。”

“艾米的皮肤是什么颜色的，德布？”

“自然的颜色。”

“但她的皮肤颜色比你深！”堂姐抗议道。

“当然啦，她是自然的巧克力色，我是自然的粉红色，但我们的皮肤都是自然色的！”

小不点的智慧

在17世纪的日本，江户时代最有名的诗人松尾芭蕉说过：“如果想写好俳句，那就去问问孩子。”我觉得松尾芭蕉捕捉到了孩子的本质，他们常常表现出俳句那种简单朴素和非凡的智慧。因为天真无邪，孩子的很多话都是古灵精怪和惹人喜爱的。但是，他们也时常一针见血，说出真正有智慧的话。

例如，说到新年前夜定下“新年决心”的传统，一个孩子问那是什么。有人跟她解释说，那是人们希望在来年达成的目标——都是一些可能让他们成为更好的人的事情。孩子想了一会儿，然后机智地说，她每天都可以做这样的事，为什么要等到新年才开始？“这太笨了。”她说。

“自由自在”的精神就是古代哲学家所说的，我们透过孩子的眼睛看世界时会得到的体验。我们生活在一个自由的、没有限制的世界，它可以同时是合乎逻辑的和不合逻辑的，这取决于我们是大人还是小孩。这就是为什么有的孩子的话常常既让人发笑，又一语中的。例如，当一位老师问一个孩子：“什么事到 1896 年就结束了？”孩子回答说：“1895 年。”

以下是另一些表现自由精神的例子：

有一天，一位日间托儿所的看护员想知道学生们的爱好，所以他问了一组学生，在他们放学后会做什么。一个孩子回答说：“我会回家。”

另一个案例里，一位幼儿园老师正在一辆旅行车上，车里坐满了放学回家的孩子。一辆消防车在旁边驶过，车的前面有两只达尔玛西亚狗。这引起了一阵讨论，为什么消防员会带上狗？

“他们用小狗来让人们离远一点。”一个孩子说。

“不是的，”另一个孩子说，“他们只是为了得到好运。”

第三个孩子的回答结束了这场争论，“他们要用小狗来寻找消防栓。”

最后一个例子里，一位三年级的老师让她的一个学生在黑板上写句子。当那个小男孩走到教室前面时，他转过头去跟老师说：“我没粉笔。”[①]

“这说得不对，”老师说：“正确的说法应该是：‘我没有粉笔，你没有粉笔，我们没有粉笔，他们没有粉笔。’现在你明白了吗？”

“不明白，”男孩说：“那粉笔都到哪儿去了？”

① 原文“I ain’t got no chalk”是口语化的表述。

– 透过孩子的眼睛看世界 –

老师："想象你和亚伯拉罕·林肯活在一个时代。你会跟他说什么，或者问他什么？"

学生："我会告诉他不要去看戏，一定不要。"[①]

——佚名

– 做回孩子 –

完成每一天的事情，然后让它过去吧。你已经做了自己力所能及的事，尽快忘记那些不知不觉发生的错误和荒谬吧。明天又是新的开始，你应该沉着地、精神昂扬地开始新的一天，不要被昨天那些没意义的事所妨碍。

——拉尔夫·瓦尔多·爱默生，作家

每当我不知所措，难以抉择，或者我不知道为什么坏事降临到自己身上时，我都会去一个知道答案的地方。

① 美国总统林肯在看戏时遇刺，不治身亡。

我会走进自己的内心世界，安静地坐一会儿，慢慢呼吸让自己冷静下来，然后寻求指引。

很多时候，我都会得到完美的答案。它来自心灵，而不是头脑。那是一种直觉反应。我觉得，那就像孩子的心灵智慧，它来自生命的原初。那时候，我本能地知道大人没有跟我说真话，那时候，我的生命是纯粹的。比起大脑告诉我的，我更相信内心的直觉。我在生活中不断地向内心寻求答案，它从未让我失望。

当我想成为职业演说家，却没有足够经费参加演说家年会时，我问内心的自己该怎么办。它给我的答案是，如果我想实现这个目标，我必须和那些已经成功了的演说家打交道。于是，我知道我必须参加年会，我也遵从内心的想法去做了。接下来的故事大家都知道了。从那以后，我就成了一名成功的职业演说家。

当我出版处女作《幽默的治愈力》时，我也是这么向内心寻求指引的。就在我已经写了大约四个月的时候，我的编辑离职了，出版社重新给我分配了一位。但是，新编辑不喜欢我的写作内容，他希望我重写所有内容。我难过不已，几乎停止了写作。然后，我听从自己的直觉，它告诉我继续写下去，因为我永远不会知道这本书会给人们的生活带来多大的影响。现在，那本书已经出版25年，重印40多次了，并且有9种语言版本。直到现在，依然有读者告诉我，这本书给他们的生活和工作带来了正面的影响。

还有一点——你不一定要在大事上才向内心寻求答案。直觉对小事也是有用的，好比选择哪一趟航班，买哪一件夹克，或者今晚看哪一部电影。

下一次你在选项A和选项B、巧克力味和香草味、去与留之间犹豫时，直接问问你的内心，问问你童年时曾拥有的那种天赋。它一直在这里，也将永远在这里。美国原住民部落拉科塔的一位族民黑麋鹿提醒我们，大人可以向孩子们学习，因为他们心灵纯洁。在他们部落的传统里，孩子们可以看到很多成年族人看不见的东西。

结　语

凡事有始必有终。

大人答应送凯莉一只新的小狗作为7岁的生日礼物，但是，当她在社区动物收容所看着几只喜欢的小狗时，心里犹豫不决。

最终，她选择了一只不起眼的长毛狗，它正活泼地摇着尾巴。

凯莉热情地喊道：“我想要那只有快乐的结尾的小狗！”[1]

① 原文 happy ending 既指小狗的尾巴，也指幸福的结局。

北京市版权局出版境外图书合同登记号 图字：01-2020-2193

图书在版编目 (CIP) 数据

读懂孩子：那些孩子教给我们的秘诀 / (美) 艾伦·克莱因 (Allen Klein) 著；黄嘉仪译 .—北京：中国法制出版社，2021.12

书名原文：Secrets Kids Know…that Adults Oughta Learn

ISBN 978-7-5216-2114-3

Ⅰ. ①读… Ⅱ. ①艾… ②黄… Ⅲ. ①儿童心理学 Ⅳ. ① B844.1

中国版本图书馆 CIP 数据核字（2021）第 177942 号

策划 / 责任编辑：冯运（654093944@qq.com） 封面设计：汪要军

读懂孩子：那些孩子教给我们的秘诀

DUDONG HAIZI：NAXIE HAIZI JIAOGEI WOMEN DE MIJUE

著者 /［美］艾伦·克莱因（Allen Klein）

译者 / 黄嘉仪

经销 / 新华书店

印刷 / 三河市紫恒印装有限公司

开本 / 880 毫米 ×1230 毫米 32 开 印张 / 9 字数 / 138 千

版次 / 2021 年 12 月第 1 版 2021 年 12 月第 1 次印刷

中国法制出版社出版

书号 ISBN 978-7-5216-2114-3 定价：49.80 元

北京市西城区西便门西里甲 16 号西便门办公区

邮政编码：100053 传真：010-63141852

网址：http://www.zgfzs.com **编辑部电话：010-63141832**

市场营销部电话：010-63141612 **印务部电话：010-63141606**

（如有印装质量问题，请与本社印务部联系。）